सकारात्मकता

खुशियों का महामंत्र

डॉ. एच. एल. माहेश्वरी

डायमंड बुक्स

www.diamondbook.in

प्रकाशक : डायमंड पॉकेट बुक्स (प्रा.) लि.
X-30 ओखला इंडस्ट्रियल एरिया, फेज-II
नई दिल्ली - 110 020
फोन : 011- 40712200
ई-मेल : wecare@diamondbooks.in
वेबसाइट : www.diamondbooks.in
संस्करण : 2024

Sakaratmakta - Khushiyon ka Mahamantra

by : *Dr. H.L. Maheshwari*

प्रस्तावना

यह कितने आश्चर्य की बात है कि सुर दुर्लभ और सर्वश्रेष्ठ मानव जीवन पाकर भी दुनियां में लाखों नहीं, करोड़ों लोग आधे–अधूरे और बुझे हुए मन से जीवन जी रहे हैं। जी क्या रहे हैं, जिन्दगी का भार ढो रहे हैं ऐसे लोगों के मन में अन्दर ही अन्दर निराशा, घबराहट, आशंका, चिंता, ईर्ष्याभाव आदि का सैलाब उमड़ रहा है।

बहुत बड़ी संख्या में लोग अवसाद और तनाव के शिकार हैं और प्रतिवर्ष लाखों लोग जीवन से निराश होकर अपनी जीवन लीला ही समाप्त कर बैठते हैं।

आखिरकार इन सब समस्याओं, परेशानियों और घटनाओं का कारण क्या है? ऐसी अप्रिय स्थितियों के लिए कौन उत्तरदायी है? क्या इन समस्याओं का कोई हल या समाधान नहीं है?

समस्याओं और अपनी परेशानियों के लिए कुछ लोग तो ईश्वर को ही दोषी ठहराने से नहीं चूकते। कुछ लोग भाग्य या तकदीर को दोष देते हैं जबकि कुछ लोग ऐसे भी है जो अपनी परेशानी के लिए दूसरे लोगों यानि परिवारजन, रिश्तेदार, समाज और सरकार को दोष देते और कोसते हैं। इस तरह लोग अपनी समस्याओं का दोष दूसरों के सिर पर मढ़कर स्वयं की जिम्मेदारी से पल्ला झाड़ लेते हैं, तो फिर सवाल उठता है कि आखिरकार समस्याओं का जिम्मेदार कौन है?

प्रस्तुत पुस्तक 'सकारात्मकता – खुशियों का महामंत्र' आपके मन में आने वाले सभी प्रश्नों का न केवल तर्कसंगत और युक्ति युक्त उत्तर देती है वरन् आपकी समस्याओं के समाधान के लिए ऐसा प्रभावशाली महामंत्र दे रही है जो कभी भी निष्फल नहीं हुआ। महामंत्र आपका जीवन आशा, उमंग और उल्लास से सराबोर कर देगा और आप अब आधे–अधूरे मन से नहीं, जिन्दादिली, हंसी–खुशी और सकारात्मक सोच के साथ भरपूर जिन्दगी जी सकेंगे।

इस पुस्तक में प्रस्तुत विषय से सम्बन्धित दुनिया के कई विश्वविद्यालयों, शोध–संस्थाओं द्वारा किए गये शोध एवं सर्वेक्षण के निष्कर्षों के साथ ही जाने–माने मनोवैज्ञानिकों, मनोचिकित्सकों, समाजशास्त्रियों एवं विद्वानों के विचारों का समावेश भी किया गया है, इस प्रकार यह पुस्तक विषय से सम्बन्धित एक प्रमाणिक ग्रंथ बन गई है। यदि आप इस पुस्तक में लिखी हुई बातों को व्यवहार में लाएं तो यह निश्चय ही आपकी सभी समस्याओं, परेशानियों एवं कष्टों का समाधान हो सकेगा और आप स्वयं ही महसूस करेंगे कि आपकी जिन्दगी बदल गई है और उसमें एक नया सवेरा आ गया है नया उजाला और नई ताजगी के साथ।

पुस्तक लिखने में मेरी जीवनसंगिनी श्रीमती लक्ष्मी माहेश्वरी, पुत्र डॉ. पंकज, पुत्रवधू डॉ. श्रद्धा माहेश्वरी एवं पुत्री डॉ. सपना माहेश्वरी (यू.के.) द्वारा दिये गये आत्मीय सहयोग के प्रति उनका आभारी हूँ। आभारी हूँ, मैं उन सभी समाचार पत्र–पत्रिकाओं का, जिनसे मिली जानकारी पुस्तक लिखने में सहायक रही है। वरिष्ठ साहित्यकार डॉ. शिव चौरसिया से मिले मार्गदर्शन के लिए मैं उनके प्रति अपनी कृतज्ञता व्यक्त करता हूँ।

पुस्तक में लिए गये उदाहरण, उद्धरण, शेरो–शायरी, शोध रिपोर्ट्स आदि के स्त्रोत नोट नहीं कर पाया हूँ, लेकिन उन सभी के प्रति हृदय से आभार व्यक्त करता हूँ।

–डॉ. एच. एल. माहेश्वरी

निवास :–
11, महावीर नगर, विद्यानगर के पास,
सांवेर रोड, उज्जैन (म.प्र.)
मोबाईल : 9827265724
ईमेल : hlujjain@yahoo.co.in

विषय-सूची

1.

विचारों की विलक्षण चमत्कारी शक्ति

मानव की मानसिक शक्तियों में 'विचार शक्ति' का महत्वपूर्ण स्थान है। यही शक्ति मनुष्य में नवजीवन एवं नव चेतना का संचार करती है। विचार मनुष्य का प्राण है, जीवनदायिनी शक्ति है। वस्तुतः हाड़मांस के पुतले में जो जादू भरा है वह विचार शक्ति ही है। इसके बिना मानव पशु तुल्य है।

जीवनकला विशेषज्ञ - डेल कारनेगी

विचार, सोच, दृष्टिकोण, नजरिया, एटिट्यूड शब्दों के अर्थ में भाषा की दृष्टि से मामूली सी भिन्नता हो सकती है। किन्तु हम व्यवहारिक रूप या बोलचाल में इनका इस्तेमाल समानार्थी शब्दों की तरह ही करते हैं, अतः पुस्तक में ये शब्द इसी अर्थ में उपयोग में लाये गये हैं।

सकारात्मकता यानी सकारात्मक विचार या सोच, जिन्दगी में महामंत्र क्यों है? इस मंत्र का उपयोग क्यों हमेशा फलीभूत होता है? कभी निष्फल क्यों नहीं होता है? यह कैसे हमें दुःखों, परेशानियों और समस्याओं के अंधियारे से छुटकारा दिलाकर जिन्दगी में नया सबेरा लाता है। इस पर विचार करने के पहिले यह जानना जरूरी है कि आखिर विचार का आशय या अर्थ क्या है और यह कितना शक्तिशाली है। मन में उठने वाली विविध भावनाओं, कामनाओं एवं स्मृतियों की उत्ताल तरंगे हैं विचार, जिनमें मन डूबता–उतराता रहता है। चेतना एवं चिन्तन के अद्भुत सोच के स्पंदनों की हलचल हैं विचार।

हम संसार में जो कुछ देखते हैं, हमें जो कुछ भी दृष्टिगोचर है वह सब विचारों का ही मूर्तरूप है। यह समस्त सृष्टि विचारों का ही चमत्कार

है। जड़–चेतनमय जो कुछ चराचर जगत है, उसको ऋषियों ने परमात्मा के विचारों का स्फुरण बताया है।

हमने आज तक जो किया है, जो कुछ कर रहे हैं और आगे भी जो करेंगे, वह सब विचारों की परिणति होगी। प्रत्येक क्रिया के संचालक विचार ही होते हैं। बिना विचार के कोई भी कार्य संभव नहीं है।

व्यक्ति पर विचार का अद्‌भुत प्रभाव होता है। विचार ही मनुष्य को ऊपर उठाते हैं और विचार ही मनुष्य के पतन का कारण बनते हैं। विचार से निराश मन में आशा का संचार होता है। एक विचार से अर्जुन जैसा योद्धा कुरूक्षेत्र में पलायन करना चाहता है किन्तु भगवान श्रीकृष्ण के चमत्कारिक विचारों के प्रभाव से वही अर्जुन गाण्डीव उठाकर युद्ध के लिए तैयार हो जाता है। यह है विचार की शक्ति। इसीलिए इर्मसन ने कहा है कि विचार से अधिक ठोस वस्तु ब्रह्माण्ड में नहीं है।

विचार शक्ति सबसे प्रचण्ड

अग्नि, विद्युत, प्रकाश आदि शक्तियाँ–ऊर्जा (एनर्जी) मानी जाती हैं। ध्वनि, चुम्बक और अणु भी शक्ति का स्रोत हैं। इन शक्तियों से बड़े चमत्कारी परिणाम देखे जाते हैं। लाखों आदमी मिलकर जो काम एक घण्टे में नहीं कर सकते, ये शक्तियाँ कुछ ही मिनटों में वह काम कर देती हैं।

विचारों की शक्ति इन सबसे अधिक प्रखर व प्रचण्ड है, साथ ही वह अत्यन्त सूक्ष्म है। मशीनें भी उस शक्ति को माप नहीं सकती। विज्ञान मानने लगा है कि विचार की गति (Velocity) प्रकाश की गति से भी अधिक तेज है। एक सेकंड के करोड़वें हिस्से से भी कम समय में विचार संसार के किसी भी बिन्दु की यात्रा करके लौट आते हैं। महान् वैज्ञानिक आइंस्टीन ने बताया है कि प्रकाश एक सैकण्ड में एक लाख छियासी हजार मील की गति से चलता है। विचार प्रकाश की गति से भी तीव्र गति से चलता है। हम अपने स्थान पर बैठे ही विचारों के वायुयान में उड़कर कुछ सैकण्ड में अमेरिका, रूस आदि समस्त भूमण्डल की यात्रा करके लौट आते हैं। यह प्रत्यक्ष अनुभव की बात है।

विचार ही आविष्कारों का जनक

पहिए के आविष्कार के पूर्व भी पशुपालन एवं कृषि युग में जो भी अविष्कार हुए उन सब में मनुष्य की विचार की प्रधानता रही है। लेकिन पहिए का अविष्कार मानव की विचार शक्ति के विकास के लिए सबसे बड़ा सोपान था।

प्रसिद्ध वैज्ञानिक न्यूटन ने जब सेब को पेड़ से गिरते देखा तब उनके मन में विचार आया, सेब नीचे क्यों गिरा? न्यूटन के इस विचार ने जन्म दिया गुरूत्वाकर्षण के सिद्धान्त को। इसके पश्चात् एवं पूर्व के समस्त आविष्कार इसी विचार शक्ति के प्रयोग से उद्घटित हुए। इस तरह विचार ही आविष्कारों का जनक कहा जा सकता है।

विचार आज के युग को सबसे बड़ी शक्ति है - जीवन कला विशेषज्ञ

— डेल कारनेगी

इस युग की सबसे बड़ी शक्ति अस्त्र—शस्त्र युक्त सैनिक शक्ति नहीं है, बल्कि उसका स्थान 'विचार शक्ति' ने ले लिया है। प्रजातंत्र के इस युग में यह शक्ति जनता के हाथों में होती है। जनमानस का प्रवाह जिस दिशा में होता है, उसी अनुरूप परिस्थितियाँ बन जाती हैं। इस जनप्रवाह रूपी शक्ति का मुकाबला शस्त्रों से नहीं, बल्कि विचारों से किया जा सकता है। आज विचार युद्ध का जमाना है। इसमें जो 'विचार' प्रबल होंगे वे ही अपने अनुरूप परिस्थितियाँ उत्पन्न कर लेंगे। विचारों की शक्ति से बढ़कर इस संसार में कोई बड़ी शक्ति नहीं है।

विचारों में ज्ञान की झलक से आदमी की पहचान बनती है। विचार ही उसे महान बनाते हैं विचारों में जिन्दगी का सार है। जिन्दगी जैसी भी हो अच्छे विचारों से दमकती रहती है। मस्तिष्क में आया एक अच्छा विचार जिन्दगी को सुधार सकता है। विचारों के अनुसार हाथों की रेखाएँ बदलती है, आँखों में आत्मविश्वास की चमक आने लगती है, विचारों के उजाले से जीवन संवर जाता है।

आदिकाल से ही विचारों पर विचार—क्रम जारी है। गीता एवं ऋग्वेद की ऋचाओं से भी स्पष्ट होता है, इस संबंध में ऋषि—मनीषियों का बहुत पहले ध्यान चला गया था। इसलिए उन्होंने लिखा है —

"जो जैसा सोचता है और करता है, वह वैसा ही बन जाता है।" जीवन कला विशेषज्ञ डेल कॉर्नेगी का कथन है कि "मैंने सबसे अधिक महत्वपूर्ण बात यह देखी कि विचारों की शक्ति से बढ़कर इस संसार में कोई शक्ति नहीं है। इसी के सहारे मनुष्य जो बनना चाहता है, बन जाता है। "शेक्सपीयर के विचार भी इससे ही मिलते–जुलते है। उन्होंने लिखा है कि हमारे विचार ही प्रतिकूलता, अनुकूलता गढ़ते हैं, वे ही हैं जो हमें उदासी या प्रसन्नता देते हैं।" वैज्ञानिक भी इस बात की पुष्टि करते है कि मनःस्थिति से ही परिस्थितियाँ निर्मित होती हैं।

विचार अदृश्य रूप से वातावरण को प्रभावित करते हैं

–स्वामी विवेकानन्द

विचारों में महान शक्ति निहित है। अगर कोई मनुष्य सर्वथा एकांत स्थान में रहे, वहीं पर उच्च विचार करता रहे और इसी प्रकार विचार करते–करते उसका अंत हो जाए तो कुछ समय पश्चात् वे विचार उस एकान्त स्थान से निकल पड़ेंगे और सर्वत्र फैलते हुए मानव जाति को अवश्य ही प्रभावित करेंगे।

हम चाहे जाने या न जाने पर हम जैसे भी भले या बुरे विचार करते रहते हैं वे अदृश्य रूप से वातावरण में फैलकर अन्य लोगों को किसी न किसी रूप में प्रभावित करते रहते हैं। विचारों की शक्ति अमोघ है।

विचारों की शक्ति असीम है। व्यक्ति जैसा सोचता है, वैसा ही बन जाता है, क्योंकि जैसे विचार करता है, वैसे ही वह कार्य करने लगता है और धीरे–धीरे वह वैसा ही बनता जाता है, लेकिन विचारों का स्वरूप सूक्ष्म होने के कारण सामान्यतया इसकी शक्ति व प्रभाव तुरन्त समझ में नहीं आते, जिसके कारण अधिकांश लोग विचार शक्ति को यों ही गवांते रहते हैं या नकारात्मक ढंग से इसका उपयोग कर बाद में पछताते हैं।

विचार शक्ति के सामने भेड़िए, शेर, बाघ, चीते बने बकरी

कुछ वर्षों पूर्व बंगाल में एक सोहंग स्वामी नामक युवक हुआ जो बाद में "टाइगर–योगी" के नाम से विख्यात हो गया। वह बचपन में इतना कमजोर और डरपोक था कि किसी जानवर को देखकर उसको पसीना छूट जाता था, किन्तु उसके भीतर एक ललक उठती है कि मैं

इतना शक्तिशाली हो जाऊं कि इन बाघ और शेरों को चूहे, बिल्ली की तरह पकड़ लूँ। वह इस विश्वास के साथ जंगल में घूमता और मन में दृढ़ इच्छा शक्ति लिए वह जंगली जानवरों की तरफ देखता। धीरे–धीरे इच्छाशक्ति ने वह चमत्कार पैदा किया कि सचमुच अपने उद्देश्य में सफल हो गया। जंगल में जाकर जब वह हिंसक जीवों पर अपनी तीक्ष्ण दृष्टि का आघात करता, दृढ़ इच्छा शक्ति के साथ उनके सामने तनकर खड़ा हो जाता और आँख से आँख मिलाता तो भेड़िए–शेर–बाघ–चीते, बिल्ली की तरह डरने लग जाते या दुम दबाकर भाग जाते। राजबेगम नाम की एक खूंखार शेरनी भी उसके संकल्प मात्र से "तू शान्त हो जा", निस्तेज होकर बिल्ली की तरह लौटने लगी। कूचबिहार की राजसभा में इसके इन करतबों से सैकड़ों लोग चकित रह गए हैं।

यह सब घटनाएँ बताती हैं कि मनुष्य के भीतर विचारों की ऐसी विलक्षण शक्ति है कि वह जो चाहे, जैसा चाहे कर सकता है। क्रूर को शान्त, हिंसक को दयालु, बहादुर को डरपोक बना सकता है। किसी के भी स्वभाव को बदल सकता है, केवल अपनी दृढ़ इच्छा शक्ति के बल पर अपने विचारों से समूची सृष्टि पर नियंत्रण कर सकता है।

भारतीय पौराणिक कहानियां बताती हैं कि सिंह भी योगियों के तलबे चाटते थे। योगियों के पास हिंसक जीव–जन्तु परस्पर की शत्रुता भुलाकर प्रेम से बैठ जाते थे। भगवान महावीर के समक्ष चण्ड कौशिक जैसे नाग भी शांत होकर समाधिस्थ हो गए और अर्जुनमाली जैसा क्रूर हिंसक आतंकी भी सुदर्शन के सामने गिड़गिड़ाकर चरणों में गिर गया। अंगुलीमाल जैसा डाकू भी बुद्ध के सामने साधु बन गया। यह सब किंवदन्तियाँ नहीं है, किन्तु इनमें मानवीय–विचार शक्ति का यही शाश्वत सत्य छिपा है। हमें असम्भव एवं काल्पनिक इसलिए लग सकती है कि हमें अपनी इच्छा शक्ति पर, अपनी विचार शक्ति पर, अपने संकल्प बल पर विश्वास नहीं है, उस प्रचण्ड विस्फोटक शक्ति का पता ही नहीं है कि हमारे भीतर क्या–क्या शक्तियाँ हैं, कैसी–कैसी क्षमताएँ हैं।

ऊर्जावान विचार और अपने समतुल्य वस्तु का आकर्षण

फेंगशुई के सिद्धान्तों पर चल कर जिस तरह घर से नकारात्मक ऊर्जा हटाते हैं, सकारात्मक सोच भी उसी फेंगशुई की तरह है।

सकारात्मक ऊर्जा अधिक होगी, तो शरीर में लाभदायक रसायनों का स्त्राव होगा, जिससे शरीर की इम्यूनिटी भी मजबूत होगी।

मस्तिष्क सबसे ज्यादा ऊर्जा का उपयोग करता है। ये ऊर्जा को विचारों या संवेगों में बदलता है। दिमाग में प्रतिदिन लगभग 60 हजार विचार आते हैं, इसलिए विचारों में हमारी बहुत सारी ऊर्जा खर्च होती है। ध्यान देने वाली बात है कि अगर विचार सकारात्मक है, तो ऊर्जा सकारात्मक रूप धारण कर लेती है और नहीं तो नकारात्मक। फिर हमारा ऊर्जावान विचार अपने समतुल्य वस्तु आकर्षित करता है। जैसा कि नैपोलियन हिल ने कहा है – "विचार वस्तु बन जाता हैं।"

एक नजारा, कई नजरिए

एक चोर, चोरी करने गया। रात में काफी घूमा किन्तु कहीं चोरी करने का मौका नहीं मिला। चोर, चोरी नहीं कर सका। घूमता रहा और घूमते–घूमते थक गया। काफी थकान के बाद गाँव के बाहर गया और एक पेड़ के नीचे जाकर लेट गया। रात भर का जागा हुआ था, काफी गहरी नींद आ गई। सूरज निकल गया फिर भी जागा नहीं।

जब सूरज निकला तो कुछ लोग घूमने लगे। एक शराबी वहाँ से निकला। शराबी ने देखा कि एक आदमी पेड़ के नीचे सो रहा है। उसने घूमकर देखा और बोला देखो कितना बड़ा शराबी है। कितनी शराब पी है। नशे में कितना धुत है कि सूरज निकल आया किन्तु नशा अभी तक नहीं उतरा।

थोड़ी देर में एक अन्य आदमी आया। वह था, जुआरी। उसने देखकर कहा, लगता है रात भर जुआ खेलता रहा और हार गया। थका, मांदा सो रहा है। पहले खेला ही क्यों? और खेला तो दॉव को ठीक से क्यों नहीं खेला?

थोड़ी देर में तीसरा आदमी आया। वह चोर था। उसने सोचा सो रहा है लगता है कि जैसे आज की रात असफल रहा है यह भी मेरा कोई भाई है। असफलता के कारण निराश होकर लेटा है।

थोड़ी देर में एक अन्य व्यक्ति आया। वह योगी था। उसने देखा–ओह! कितनी मस्ती से सो रहा है कितना निश्चिंत है। कोई चिन्ता नहीं है। ऐसे ही लेट गया न कोई बिछौने की अपेक्षा न किसी बात की अपेक्षा।

लगता है यह कि बहुत पहुँचा हुआ व्यक्ति है। नमस्कार करना चाहिए ऐसे व्यक्ति को। वह उसे नमस्कार करके चला गया।

दृश्य एक था पर दृष्टिकोण अनेक थे। एक ही दृश्य पर अनेक व्यक्ति अनेक दृष्टिकोण से अपनी प्रतिक्रिया व्यक्त करते हैं। यह बहुत बड़ा सत्य है।

विचारों का प्रभाव वनस्पति जगत पर

अब तो विज्ञान ने भी यह सिद्ध कर दिया है कि विचारों का प्रभाव विकसित और चेतना वाले मानव या पशुओं पर ही नहीं अपितु वनस्पति आदि अविकसित चेतन. प्राणियों पर भी पड़ता है। इस संबंध में किए गए प्रयोगों में यह पाया गया कि मनुष्य के गहरे विचार उनके रंग, रूप, गुण–धर्म और आकार भी बदल सकते हैं।

कुछ वर्ष पहले की घटना है। अमेरिका के कैलीफोर्निया का एक कृषि विज्ञानी एलन फोर्ड वैज्ञानिक रीति से अपने खेतों में कुछ प्रयोग कर रहा था।

इसी बीच उसने कोई पुस्तक पढ़ी कि "मनुष्य के विचारों व संकल्पों में विलक्षण शक्ति होती है।" "जैसा विचार करो, वैसा ही निर्माण हो जाता है।" उसने इस विषय पर एक प्रयोग करने की सोची, उसके खेत में कांटेदार सफेद गुलाब लगा हुआ था, वह हर दिन नियमित समय पर बैठता और उस पर प्यार से हाथ फिराता, स्नेह से दुलारता और मीठी–मीठी बातें करता, हे गुलाब! तू कितना प्यारा है, कितना कोमल है, कितना सुन्दर है, परन्तु तेरे ये कांटे मेरे हाथ में चुभते हैं, तो बड़ी पीड़ा होती है। तू अपने कांटे निकाल दे और कंटक विहीन बन जा।"

लगातार तीन महिने तक वह इसी क्रम में कंटक–विहीन होने का आग्रह करता रहा है। चौथा महिना आरम्भ होते ही देखा कि गुलाब के कांटे स्वतः झड़ने लगे हैं। दो सप्ताह बीतते–बीतते पौधें के समस्त कांटे झड़ गए। अब गुलाब शूल रहित हो गया। इससे एलन को आश्चर्य हुआ और उसे अपने प्रयोग पर, विचार–सम्प्रेषण पर दृढ़ विश्वास भी हो गया। उसने फिर मिर्च पर एक प्रयोग किया। उसे बीजरहित बनाने का प्रयास किया तो मिर्च सचमुच बीज रहित हो गई और आकार में वह करीब 6 इंच की बन गई। इस प्रकार उसने टमाटर आदि सब्जियों पर भी प्रयोग किए और सबके परिणाम बड़े आश्चर्यजनक आए।

एलन ने अपने इन प्रयोगों पर एक पुस्तक लिखी– "मिरेकल्स ऑफ थॉट" अपने प्रयोगों और उनके आश्चर्यजनक परिणामों की चर्चा करते हुए उसने लिखा है– "जब विचार उथले, बिखरे–बिखरे और कमजोर होते हैं तो परिणाम आशानुरूप नहीं आते, परन्तु जब विचारों में गहराई, सच्चाई, दृढ़ता, प्यार और तन्मयता का पुट होता है तो परिणाम अप्रत्याशित आता है। भावना और संकल्प के इस क्षेत्र में विफलता तभी मिलती है जब प्रयोगकर्ता के विचारों में अशक्ता रहती है, किन्तु इसकी सच्चाई पर सन्देह नहीं करना चाहिए, जो सौ कैरेट सोने की भांति साबित हो चुकी है।"

विचार की विलक्षण शक्ति से कुछ भी संभव

एक बार एक योगी और उनका शिष्य एक बड़े शहर में पहुँचे उनके पास पैसा तो था नहीं। उन्हें भूख लगी थी और रात बिताने के लिए कोई जगह भी चाहिए थी। शिष्य को लगा कि भोजन के लिए तो भीख मांगनी पड़ेगी और किसी पार्क में आसरा खोजना पड़ेगा। उसने योगी से कहा, 'समीप के पार्क में हम रात गुजार लेंगे।' योगी ने आश्चर्य से पूछा, 'खुले में?' शिष्य ने कहा, 'हाँ, क्यों नहीं?' योगी ने कहा, 'आज रात हम एक बड़े होटल में गुजारेंगे और वहाँ भोजन भी करेंगे।' शिष्य ने कहा कि हमारे पास में पैसे तो है नहीं। इस पर योगी ने आंखे बंद कीं और दस मिनट तक पूरी एकाग्रता से ध्यान किया। फिर वे शिष्य को लेकर चलने लगे। जल्दी ही वे एक होटल पहुँचे। उनके पहुँचते ही एक व्यक्ति आया और कहने लगा, 'मैं होटल का मैनेजर हूँ और आप साधु नजर आते हैं। क्या आप हमारे किचन में काम करेंगे? बदले में भोजन दूँगा और ठहरने के लिए जगह भी।' दोनों राजी हो गए। एकान्त पाकर शिष्य योगी से बोला, 'आप कोई जादू जानते हैं?' वे मुस्कराए और बोले, 'मैं तुम्हें दिखाना चाहता था कि जब आप किसी चीज के बारे में पूरी एकाग्रता से सोचते हैं और आपका मन उस चीज का विरोध नहीं करता तो वैसा ही हो जाता है। इसका रहस्य यह है– विषय पर एकाग्रचित होना, कल्पना में उसे देखना, उसको पूरे विस्तार से, बारीक ब्योरों सहित मन की आँखों के सामने लाना, भरोसा रखना और उस काल्पनिक दृश्य पर मानसिक और भावनात्मक ऊर्जा का संचार करना। जब मन खाली

हो और उसमें एक ही विचार को प्रवेश करने दिया जाए तो वह बहुत ताकतवर हो जाता है। ऐसा विचार बहुत गहरा प्रभाव डालता है। 'फिर शिष्य ने कहा', 'अच्छा तो इस ताकत का इस्तेमााल करने के लिये मुझे मेरी एकाग्रता बढ़ानी होगी।' योगी बोले, 'हाँ, यह पहला कदम है।'

विचार एक प्रचण्ड शक्ति

विचार एक प्रचण्ड शक्ति है और वह असीम अणुशक्ति से भी प्रबल है। विचार जब घनीभूत होकर संकल्प का रूप धारण कर लेता है तो प्रकृति स्वयं नियमों को अनदेखा करके भी उसको मार्ग दे देती है। इतना ही नहीं उसके अनुकूल बन जाती है।

वाल्ट हिटमैन का कथन है कि मनुष्य के विचारों में अनन्त शक्ति है। उसके विचारों में जीवन निर्माण की प्रचुर सामग्री भरी पड़ी है साहस, शौर्य, उद्यम, परिश्रम, धैर्य और संघर्ष की शक्ति वह अपने विचारों से पैदा करता है और इनका प्रयोग जीवन के क्रियात्मक क्षेत्र में करके लाभ उठाता है। इन शक्तियों की ओर ध्यान न दे तो दीन–हीन, दुर्बल और दुःखी रहना पड़ेगा। धरती के भोग वीर पुरूषों के लिए बने हैं इसके लिए मनुष्य की कर्मठता भी तो जागे, पौरूष न जागा तो हाथ कुछ न लगेगा।

मनुष्य यदि सकारात्मकता को प्रश्रय देता है तो उसके आदर्श, हाव–भाव, रहन–सहन ही नहीं शरीर में तेज, मुख मुद्रा आदि वैसे ही बन जाते है और समस्याएँ, परेशानियाँ और दुःखों का अंधकार दूर हो जाता है। यदि नकारात्मकता को प्रश्रय देता है तो घृणा, द्वेष, क्रोध आदि से संबंधित विचारों का निवास हो जाता है, और नाटकीय परिस्थितियाँ निर्मित होने लगती है। मनुष्य में यदि इस तरह की नकारात्मकता घर कर जाए कि मैं अभागा हूँ, दुःखी हूँ, दीन–हीन हूँ, तो उसका उत्कर्ष कोई भी शक्ति साध नहीं सकेगी। वह सदैव दीन–हीन परिस्थति में पड़ा रहेगा।

यदि आप नकारात्मकता के अंधकूप में डूबे हुए है तो इससे बाहर निकलकर आइए सकारात्मकता के उजाले में लेकिन कैसे?

आगामी अध्यायों में इस पर विस्तृत प्रकाश डाला गया है।

❍

2.

सकारात्मकता-महामंत्र खुशियों का खजाना

सकारात्मकता आपके जीवन की अमृतधारा है, कल्पवृक्ष है, कामधेनु है, जो आपके जीवन को निश्चित रूप से सुख–शान्ति और सफलता की ओर ले जाने की अद्‌भुत क्षमता रखती है। यह आपके तन, मन और मस्तिष्क का पोषण है जो आपकी जीवन रूपी गाड़ी को गंतव्य स्थान तक पहुँचाती है।

– स्वामी अवधेशानन्द जी

दुनिया में अनेक तरह के मंत्र बने हैं। किसी ने गायत्री मंत्र बनाया, किसी ने महामृत्युंजय बनाया, किसी ने नवकार मंत्र बनाया या किसी ने कोई और मंत्र बनाया होगा। यह कहना कठिन है कि किसी व्यक्ति को कौन से मंत्र का जाप करने पर कौन–सा लाभ हुआ, लेकिन जिस मंत्र की मैं बात कर रहा हूँ, जो मंत्र सारी दुनिया को फल दिया करता है, वह आज तक कभी निष्फल नहीं हुआ, आज तक व्यर्थ सिद्ध नहीं हुआ और वह मंत्र, महामंत्र है 'सकारात्मक सोच' का मंत्र।

आप अगर किसी मंत्र का जाप करेंगे तो उस जाप को करने के लिये आपको घण्टों तपना पड़ेगा, जपना पड़ेगा पर सकारात्मक सोच के मंत्र को अपनाने के लिए करना–धरना कुछ नहीं है केवल अपनी मानसिकता को तैयार करना है, केवल अपने नजरिए को, केवल अपने एटिट्यूड को या दृष्टिकोण को तैयार करना होगा और यह एकमात्र ऐसा दृष्टिकोण होगा जो हर स्थिति में, हर परिस्थिति में, हर वातावरण में, हर मौसम

में आपको तनावमुक्त रखेगा, मधुर रखेगा और सुकून देगा। सकारात्मक दृष्टिकोण आपको हर विपरीत हालात में भी विजय प्राप्त करने का मार्ग अपने आप समझा देगा।

यदि आपका नजरिया सकारात्मक है तो आप अपने जीवन में सकारात्मक शक्तियों को सक्रिय कर सकेंगे। जिससे आपको सकारात्मक परिणाम मिलने लगेंगे। सकारात्मक विचार आपके आसपास ऐसा वातावरण बना देते हैं, जिससे अनुकूल परिस्थितियाँ निर्मित होने लगती हैं, जो आपका जीवन खुशमय बनाने में अहम भूमिका निभाती हैं। इसलिए सकारात्मक नजरिया सुखी जिन्दगी जीने का मूल मंत्र माना जाता है।

सकारात्मक सोच से आपके दिमाग के अन्दर के उरा हिस्से में सकारात्मक बदलाव आता है, जो आपके सारे दिमाग और मन के कार्यों के समन्वय का केन्द्र होता है। मानव व्यवहार का अध्ययन करने वालों ने पाया है कि आशावादी लोगों का मूड अच्छा रहता है। सेहत भी अच्छी रहती है। खास बात यह है कि ऐसे लोग अकेले बहुत कम समय बिताते हैं। दूसरों से अच्छे संबंध होते हैं और सामान्यतया तनाव मुक्त रहते हैं।

सकारात्मकता ही जीवन है

सकारात्मकता मन की एक भावना है, जो मनुष्य में जीने की इच्छा जगाती है और जीवन आनन्द से भर देती है। यह सकारात्मक सोच ही तो है, जो हमारी इन्द्रियों को क्रियाशील और बुद्धि को सजग बनाए रखती है। मन को उमंग और उत्साह से भरे रखती है। जिस क्षण सकारात्मकता टूटती है और निराशा या नकारात्मकता का साम्राज्य स्थापित हो जाता है, उस समय इन्द्रियों की क्रियाशीलता, मन का उत्साह और बुद्धि की सजगता भी समाप्त हो जाती है और मन अवसाद से भर जाता है। नकारात्मकता तन, मन और बुद्धि को जीवन की असफलताओं के दल–दल में ढकेल देत्ता है। सकारात्मकता रहित मनुष्य का जीवन नर्क से भी बदतर हो जाता है। सकारात्मक सोच या आशा की प्रबल शक्ति साधारण व्यक्ति भी अच्छी तरह समझता है। तभी हमारे जीवन में 'आशा पर आसमान टिका है' या 'आशा ही जीवन है' अथवा 'जब तक आस है तब तक श्वास' जैसी सारगर्भित लोकोक्तियाँ प्रचलित हैं।

सकारात्मकता हीरे की कणी

जीवन के प्रति सकारात्मकता यानी अच्छा नजरियां विकसित होते ही जीवन को सार्थक एवं सफल बनाने के लिए आपके कदमों में, अपने आप ताकत आ जाएगी, अपने आप ऊर्जा पैदा हो जाएगी। सफलता का सूत्र है, लगे रहो, जुटे रहो। बस जरूरत है प्रयत्न की। पड़ा–पड़ा पत्ता सड़ जाता है और खड़ा–खड़ा घोड़ा अड़ जाता है। नकारात्मकता आदमी के दुःखों की धुरी है। हम जीवन के प्रति सकारात्मक दृष्टिकोण अपना कर जीवन के हर दुःख, तनाव, हानि से उबर सकते हैं। नकारात्मकता वह हथौड़ा है, जिसने हर किसी की शांति के शीशे को तोड़ा है। सकारात्मकता हीरे की वह कणी है जो शीशे के अनपेक्षित भाग को हटा देती है और शेष भाग को उपयोगी बना देती है। नकारात्मकता विष है, तनाव और चिन्ता को बढ़ाने वाली प्रदूषित वायु है। सकारात्मकता सुबह की सैर है, यानी ताजी शुद्ध हवा, जैसे सूरज उगने पर गुलाब की कलियाँ और पंखुरियाँ आल्हाद से भर जाती है। सकारात्मकता से हमारा मानस भी ऐसे ही आल्हाद से, ऐसी ही खिलखिलाहट से आपूरित हो, हरा भरा हो सकता है।

सकारात्मक सोच हमारी सबसे बड़ी पूँजी

सकारात्मक सोच यानी आशा एक सशक्त चुम्बक है और वह अभ्यास से प्राप्त हो सकती है। हम अपनी मानसिक शक्ति को बढ़ा भी सकते है और घटा भी सकते है। मित्र हमारा साथ छोड़ दें, धन–दौलत खोकर हम कंगाल, बन जाएं पर अगर हम ने आशा नहीं छोड़ी तो वह हमारी सबसे बड़ी पूँजी है। स्वास्थ्य खराब हो जाए, मगर आशा बनी रहे तो भी हम जीवन संघर्ष सफलतापूर्वक जारी रख सकते हैं।

आशा वह कप्तान है, जो जहाज को सबसे आखिरी में तूफान के हवाले करता है। उसके जाने से जहाज नष्ट हो जाता है।

खुशहाल जिन्दगी जीने के लिए आप को सकारात्मक नजरिया विकसित करने की आवश्यकता है। सकारात्मक नजरिए का मतलब है हर स्थितियों में बुराई के बजाय अच्छाई की तलाश करना। सकारात्मक नजरिया वर्षा को देखकर रोमांचित होना है, क्योंकि आप जानते हैं

कि पौधों को बढ़ने के लिए तथा फूलों को खिलने के लिए वर्षा की आवश्यकता होती है और बिना वर्षा के हम रेगिस्तान में रह रहे होते। इसी तरह हमें भी सुखी, आनंदित तनाव मुक्त रहने के लिए सकारात्मक नजरिए की आवश्यकता है। सकारात्मक बने रहें और यह याद रखें कि जो सकारात्मक चिंतन की अदृश्य शक्ति को देखता है, अमूर्त का अनुभव करता है वही असंभव को प्राप्त करता है।

सकारात्मकता का एक सूत्र - यह भी चला जाएगा

एक राजा ने अपने राजपंडित को बुलाकर कहा– मुझे ज्ञान का ऐसा सूत्र दो, जो संक्षिप्त हो और तीनों काल में सत्य हो। जिससे सभी सहमत हों, कोई विरोध न कर सके, साथ ही जीवन के प्रत्येक क्षेत्र एवं पगपग पर उपयोगी हो।

राजपंडित – हाँ, मेरे पास ऐसा ही एक ग्रंथ है।

महाराजा – मुझे ऐसे ग्रंथ की आवश्यकता नहीं। मुझे तो कोई ऐसा सूत्र दें जिसे मैं अपनी अंगूठी के नग पर अंकित करा सकूं ऐसा सनातन सूत्र चाहिए।

राजपंडित – महाराज, आप जैसा चाहते हैं ऐसा ही एक जीवन सूत्र मेरे पास है।

महाराजा – हाँ, तो कहो, कौन–सा जीवन सूत्र?

राजपंडित – यह भी चला जाएगा।

महाराजा – क्या चला जाएगा? राजपंडित, राजन दुनिया में सुख–दुःख, सम्पत्ति और समय यह सदा रहने वाले नहीं है। "जो आया है वह भी चला जाएगा।" यही सूत्र जीवन में 'समताभाव' ला सकता है। महाराज, यह सूत्र सुनकर प्रसन्न हो गए और बोले कि यह श्रेष्ठ सूत्र ही सनातन सत्य है। यह समय गुजरता जाता है। मुश्किलें आती है चली जाती है, अतः चिन्ता न करें। सुख के दिन आएं तो अति प्रसन्न न हो और दुःख के दिनों में घबराएं नहीं किन्तु उसका सामना करें। जो समय आता है वह भी चला जाता है।

सकारात्मकता के सूत्र का दूसरा उदाहरण

एक धनाढ्य वृद्ध व्यक्ति को डॉक्टर ने बताया कि उसकी जिन्दगी

पाँचे महीने से ज्यादा नहीं बची है। इस वृद्ध व्यक्ति के चार बेटे थे। उसने चारों को अपने पास बुलाया। उसने वसीयत (Will) में चारों को बराबर सम्पत्ति बांट दी। लेकिन, सबसे छोटे बेटे को उसने उपहार में एक अगूठी अलग से दी। उसने कहा – "तुम मेरे तीनों बेटों में सबसे छोटे हो और अभी तुम्हें बड़े भाइयों के बराबर अनुभव नहीं है, इसलिए मैं तुम्हे यह अंगूठी दे रहा हूँ। जब तुम खुद को किसी संकट या मुश्किल में पाओ या कोई परेशानी आये, तब तुम इस अंगूठी का इस्तेमाल करना। इससे पहले इसका इस्तेमाल नहीं करना और यह बात किसी को बताना भी नहीं।"

सबसे छोटे बेटे ने अंगूठी पहन ली और फिर वह अपने काम में इतना व्यस्त हो गया कि इसके बारे में भूल गया। चारों बेटों ने अपना–अपना व्यवसाय जमा लिया और छोटा बेटा शिपिंग लाईन यानी नौ–परिवहन के काम में लग गया। एक बार एक सप्ताह के भीतर ही उसके दो जहाज डूब गये। फलस्वरूप उसे अपनी सारी सम्पत्ति से हाथ धोना पड़ा। वह एक ही झटके में सड़क पर आ गया। उसके मन में आत्महत्या करने का विचार तक आया, लेकिन उसने ऐसा कदम नहीं उठाया।

घर पर आये कर्जदारों के तकाजों के कारण उसे अपना घर भी बेचना पड़ा। इस मुश्किल से छुटकारा पाने के लिए वह चिन्ति था, तब अचानक उसे अपने पिता का उपहार याद आया। उसने अंगूठी निकाली और गौर से उसकी ओर देखा। उसने देखा कि अंगूठी के पत्थर (नग) पर नीचे की ओर कुछ लिखा हुआ है। उसने लिखे हुए को पढ़ने के लिए तुरन्त अपनी अंगूठी रगड़ी। काफी रगड़ने के बाद उसने अनुभव किया कि नंगी आँखों से वह उस लिखे हुए को पढ़ नहीं पायेगा। तब उसने मैग्निफाइंग ग्लास से उसे देखा, जो उस पर शब्द लिखा था, उन शब्दों ने उसकी पूरी जिन्दगी ही बदल दी। उस पर लिखा था – "मेरे बेटे! यह समय भी गुजर जायेगा।" इस छोटे से वाक्य ने उसकी जिन्दगी बदल दी।

बेटा पिता के छोटे से सकारात्मक वाक्य से प्रेरणा पा, निराशा छोड़ पूरे लगन व उत्साह से व्यवसाय में जुट गया और कुछ ही वर्षों में उसने पहले से भी ज्यादा सम्पत्ति अर्जित कर ली।

सकारात्मकता का परिणाम, पत्थर में भगवान

मस्त और प्रसन्न रहना जीवन की सबसे बड़ी सकारात्मकता (पाजिटिवनेस) है। सदा हंसमुख और मस्त रहने वाला आधी दिमागी समस्याओं से खुद ही मुक्त हो जाता है। यह तभी संभव है जब आप अपने दृष्टिकोण को जीवन के प्रति बहुत अच्छा, बहुत उमंग भरा, बहुत सकारात्मक बनाएंगे। जीवन में दृष्टिकोण या नजरिए की बड़ी अहमियत है। सकारात्मक नजरिया व्यक्ति की सबसे बड़ी पूँजी है और नकारात्मक नजरिया व्यक्ति की सबसे बड़ी बदकिस्मती है। सकारात्मक नजरिया हो तो जीवन हीरो की खान नजर आता है। नजरिया यदि नकारात्मक हो तो सड़क पर चलना भी बोझ बन जाता है। नकारात्मक नजरिया वाले खुद तो तनावग्रस्त रहते ही है, दूसरों को भी तनाव के रास्ते पर ले जाते हैं।

सकारात्मक दृष्टि का ही परिणाम है कि हमें पत्थर में भगवान नजर आते है। श्रद्धा जागृत होती है। सुख–दुःख में भगवान को याद करते हैं। अपनी मनोकामनाएँ प्रार्थना के माध्यम से भगवान के सामने रखते हैं। हम उस पत्थर की प्रतिमा की पूजा करते हैं और यदि हमारी दृष्टि नकारात्मक है तो वह मात्र शिलाखण्ड है। मूर्ति पूजा के सिद्धान्त के पीछे यही दृष्टिकोण रहा है। सारांश यह है कि सारा खेल दृष्टि का है।

सकारात्मक नजरिए से दबाएँ- नकारात्मक को

एक राजा था, वह एक आँख वाला था। एक बार उसको अपना चित्र बनवाने की सनक चढ़ी। एक आँख वाले राजा ने जैसे ही आदेश प्रसारित करवाया कि मेरा चित्र बनाओं, सब चित्रकार समझ गए कि राजा का चित्र बनाना यानी मौत को बुलावा। काने राजा का चित्र काना बनाएंगे तो गड़बड़ हो जाएगी। लेकिन एक चित्रकार बहुत होशियार था उसने कहा कि मैं चित्र बनाऊँगा।

सारे चित्रकारों ने कहा– इसकी तो शामत आ गई। लेकिन वह बड़ा विश्वस्त था। उसने चित्र बनाया। उस चित्रकार ने क्या किया, राजा को बैठे हुए तीर का निशाना साधते हुए बनाया। राजा का एक हाथ तीर पकड़े हुआ और एक हाथ आँख पर लगाया। चित्र एकदम जीवंत हो उठा। चित्र देखकर राजा अति प्रसन्न हो गया। उसने अपने गले का हार चित्रकार को दे दिया।

प्रत्येक व्यक्ति को अपना सोच सकारात्मक रखना चाहिए और जो भी नकारात्मक हो उसे दबा देना चाहिए। जैसे कि चित्रकार ने काने राजा के चित्र बनाने में किया। इसलिए नेगेटिव को हटा दो, पॉजिटिव को लेकर चलें तो खुशियों के साथ भरपूर जीवन जी पाएंगे।

दुश्चिंताओं से मुक्ति का अभिनव प्रयास

सकारात्मक विचारधारा आपको अनेक दुश्चिंताओं से मुक्त रखने का अभिनव प्रयास करती है। सकारात्मक विचारों से भरा व्यक्ति नकारात्मक विचारधारा से प्रभावित व्यक्ति की अपेक्षा अपने जीवन में अधिक उत्साह प्राप्त करता है। नकारात्मक विचारों से लदा हुआ व्यक्ति केवल उदास, काले बादलों के अतिरिक्त कुछ भी नहीं देख पाता, जबकि सकारात्मक विचारों से ओतप्रोत व्यक्ति केवल स्वच्छ नीलवर्ण आकाश में जगमगाते सितारों का ही दर्शन करता है तथा भयंकर मेघ गर्जन में भी वह स्वर्गिक संगीत की मधुर लहरियों का ही अनुभव कर आनन्द प्राप्त करता है। इसलिए–

अपने विचारों को सकारात्मक रखें,
क्योंकि आपके विचार आपके शब्द बन जाते हैं।
आपके शब्दों को सकारात्मक रखें,
क्योंकि आपके शब्द आपका व्यवहार बन जाता है।
अपने व्यवहार को सकारात्मक रखें,
क्योंकि आपके व्यवहार आपकी आदत बन जाता है
अपनी आदतों को सकारात्मक रखें,
क्योंकि आपकी आदतें जीवन मूल्य बन जाते हैं
अपने जीवन मूल्यों को सकारात्मक रखें,
क्योंकि आपके मूल्य आपका लक्ष्य बन जाते है।

गाँधीजी के तीन बन्दर के साथ चौथा बन्दर

गाँधीजी के तीन बंदर सबको याद है। पहला बंदर कहता है– बुरा मत सुनों। दूसरा बन्दर कहता है– बुरा मत देखो और तीसरा बन्दर कहता है– बुरा मत बोलो। सभी लोग तीन बंदरों से इनकी बनाई मुद्राओं और प्रतीकों के आधार पर अपने जीवन में प्रेरणा लें। गाँधीजी के तीन

बन्दर में मुनि चन्द्रप्रभजी ने एक बंदर और जोड़ा है, यह चौथा बंदर सिर पर अंगुली लगाए हुए हैं जो कहता है – बुरा यानी नकारात्मक मत सोचो। अगर चन्द्रप्रभजी का चौथा बन्दर लागू किया जाता है, तो गांधी जी के तीनों बन्दर ज्यादा सार्थक होंगे।

इसलिए आज चन्द्रप्रभजी के चौथे बन्दर की आवश्यकता है। चौथा बंदर हमें सिखाता है कि बुरा यानी नकारात्मक मत सोचो। नकारात्मक सोच हमारे स्वास्थ्य पर हमेशा दुष्प्रभाव डालता है चिन्ता, तनाव, क्रोध अवसाद भूलने की आदत – ये सब नकारात्मक सोच का परिणाम है। अगर इंसान अपने दिमाग से नकारात्मक सोच को हटाने में सफल हो जाए तो दुनिया की आधी समस्याएँ अपने आप हल हो जाएं।

आदमी के जीवन की नियन्ता और निर्माता उसकी सोच ही है। दुनिया का सबसे बड़ा खजाना आदमी के दिमाग में है। इंसान की हर ऊँचाई के पीछे इंसान की सकारात्मक और रचनात्मक सोच ही सीढ़ी का काम करती है। आप अपनी सोच को सकारात्मक और रचनात्मक बनाकर देखें तो सही, आप आसमान में भी सीढ़ी लगाने में सफल हो जाएंगे। जहाँ दुनियां के लिए सारी खिड़कियाँ बंद हो चुकी होगी – वहाँ आपकी प्रगति की एक खिड़की अवश्य खुल जायेगी। भाग्य के भरोसे मत रहिए, कर्म पर भरोसा कीजिए। इंसान का कर्म वह कामधेनु है जिसे अतीत में कभी राजा दिलीप में वरदान में पाया था, वर्तमान में आप उससे वरदान पा सकते है।

अपनी सोच को सकारात्मक बनाओ, क्योंकि जैसी सोच होगी, वैसा ही लक्ष्य होगा, वैसा ही पुरूषार्थ होगा, वैसा ही सफलता होगी। हर ऊँची सफलता के लिए सकारात्मक सोच मेरूदण्ड का काम करती है– Positive thinking is the backbone of any successful product.

सोच चाहे जीवन से जुड़ी हो, चाहे परिवार से, समाज या व्यापार से, सभी से शालीन, प्रेमपूर्ण और मधुर रखो। शब्दों और सकारात्मकता में अन्तर है। अच्छी सोच अच्छे जीवन का आधार है। आपके टूटे हुए रिश्ते फिर से जुड़ सकते है, मन में घर कर चुकी हीन भावनाएँ दूर होकर आप फिर से आत्मविश्वास से भर सकते हैं, बशर्ते आप सकारात्मक हो। आपके दो सकारात्मक कदम आपकी जिन्दगी में उत्साह, उमंग, सफलता और आपकी खुशी के खजाने को लबालब भर सकते हैं।

❍

3.

नकारात्मकता अंधाकूप खुशियों का दुश्मन

नकारात्मक विचार वह विषय है जो व्यक्ति की रचनात्मक शक्ति, जीवनोत्साह, सदाचार का क्षरण करता है, व्यक्तिव विकास के मार्ग में बाधा उपस्थित करता है और व्यक्ति को शनैः–शनैः रोग शैय्या पर पहुँचा देता है।

– पंडित श्रीराम शर्मा आचार्य

नकारात्मकता के कारण व्यक्ति का जीवन वैभव, अनन्त धन–सम्पदा और अनगणित सुविधाओं के होते हुए भी दुनिया में भारतुल्य होता है। नकारात्मकता महाव्याधि है जो व्यक्ति की सम्पूर्ण आध्यात्मिक और मानसिक शक्तियों को नष्ट कर देती है। उत्साह, आशा और उल्लास के बिना जीवन में खुशी की कल्पना नहीं की जा सकती।

निराशा मानसिक दरिद्रता का चिन्ह है। यह ऐसा मानसिक संताप है जो मनुष्य को निरन्तर गीली लकड़ी की तरह कष्ट के साथ जलाया करता है। इसकी उत्पत्ति अभाव की भावना से होती है। जिसके फलस्वरूप मनुष्य अपने को अन्य की तुलना में दीनहीन समझने लगता है।

विचारक स्वेट मार्डेन का कहना है – नकारात्मकता एक भंयकर राक्षस है जो हमारे नाश की ताक में बैठा रहता है। निराशावादी आगे बढ़ने और प्रगति की भावना का त्याग कर देते हैं। यदि उन्हें कुछ करने का ख्याल आता भी है, तो विपत्तियों का पहाड़ उन्हें पहले से ही दिखाई देने लगता है। कार्य प्रारम्भ नहीं हुआ कि चिन्ताओं के बादल मंडराने लगते हैं।

नकारात्मक सोच से व्यक्ति से प्रसन्नता दूर चली जाती है, उदास रहना उसका स्वभाव बन जाता है। वह हर समय अपने अन्दर तनाव, क्रोध तथा क्षोभ का अनुभव करता रहता है। निराशा से सिवाय कुढ़ने, कुंठा तथा विषाद के कुछ हाथ नहीं लगता। आशा, उत्साह एवं कार्यक्षमता कम होने लगती है। मन ही मन कुढ़ते रहने से कोई भी काम करने को जी नहीं चाहता और काम जैसे–तैसे किया भी जाता है तो आधे–अधूरे मन से, जिससे कार्य में कुशलता नहीं आ पाती।

उजियाला में भी अंधियारा

सकारात्मक सोच रखने वाले को खुशी होती है कि जिन्दगी कितनी दिलचस्प और मजेदार है, लेकिन निराशावादी को अफसोस है कि एक दिन मरना पड़ेगा। आशावादी को अच्छा लग रहा है कि बादल छट गए हैं और धूप निकल आई, लेकिन निराशावादी को आज गर्मी रहेगी इसकी चिन्ता सताने लगेगी। पदोन्नति होने पर निराशावादी सोचता है कि अब जिम्मेदारियों का बोझ बढ़ गया है और न होने पर तो वह पक्षपात और भाई–भतीजावाद को कोसता है। पत्नी कुरूप है तो वह दुःखी है सुरूप है, तो उसे कई तरह के डर सताते रहते हैं।

इसी प्रकार फसल खराब हुई है तो निराशावादी को भय है कि वह परिवार का भरण–पोषण कैसे कर पाएगा। अच्छी फसल हुई तो चिन्ता है कि पैदावार ज्यादा होने से इस बार बाजार भाव गिर जाएंगे। सूखा होने पर अकाल की दुश्चिंता और वर्षा हो जाने पर कीचड़ और मच्छरों की समस्या तथा मलेरिया फैल जाने का डर उसे चैन नहीं लेने देता।

बाल्यपन की निर्भरता से छुटकारा पाकर वह आजाद युवावस्था में पहुँचना चाहता है मगर जवान होने पर उसे बचपन की मस्ती खो जाने का गम है। कुल मिलाकर निराशा से कुंठित व्यक्ति सुख और प्रसन्नता का जानी दुश्मन होता है। उसे स्वयं यह पता नहीं है कि आखिरकार वह क्या चाहता है। बस वह तो एक ही बात जानता है कि वह सुखी और संतुष्ट नहीं है। अच्छाई उसे कहीं दिखाई नहीं देती और बुराई देखने में वह कभी चूक नहीं करता।

निराशा से कुंठित व्यक्ति उजियाला में भी अंधियारा ढूंढ लेता है, उसे खूबसूरती में भी कुरूपता ढूंढ लेने की महारत हासिल होती है, वह कमियों और खराबियों को देखने के लिए पैनी नजर रखता है।

आप ईश्वर के राजकुमार हैं

जो व्यक्ति लगातार अपने बारे में नकारात्मक विचार करेगा, हीनता और तुच्छता के भाव रखेगा, वह निसंदेह कुछ समय पश्चात् वैसा ही बन जाएगा। मैं नीच हूँ, पापी हूँ, तुच्छ हूँ, दास हूँ, असमर्थ हूँ, आलसी हूँ, भाग्यहीन हूँ, दुःखी हूँ – इस प्रकार के मनोभाव रखने का स्पष्ट नतीजा यह होता है कि हमारी अंतश्चेतना उसी सांचे में ढल जाती है। आप अपने आपको तुच्छ मत मानिए। आप ईश्वर के राजकुमार है। किसी प्रकार भी तुच्छ नहीं हो सकते। अपने पिता परमेश्वर की सम्पूर्ण शक्तियाँ आपके अन्दर सन्निहित है। आवश्यकता केवल इस बात की है कि आप अपनी महानता को अनुभव करें और अपने जीवन को सफल और उन्नत बनाने का प्रयत्न करें।

बिना पंखों का पक्षी

निराश व्यक्ति की जिन्दगी में हर्ष, उल्लास, आमोद–प्रमोद, हास–परिहास आदि सारी प्रसन्न प्रवृत्तियों का बहिष्कार हो जाता है। निराशा से घिरा हुआ मनुष्य संसार में बिना पंखों के पक्षी की तरह दयनीय एवं दुखपूर्ण जीवन जीता है।

आशा जहाँ मनुष्य की जिन्दगी में संजीवनी शक्ति का संचार करती है, वहीं निराशा मनुष्य को मृत्यु की ओर ले जाती है, क्योंकि निराश व्यक्ति जीवन के प्रति उदासीन और विरक्त होने लगता है। उसे चारों ओर अन्धकार ही अन्धकार फैला हुआ दिखाई देता है। एक दिन, निराशा मनुष्य को आत्महत्या तक के लिए मजबूर कर देती है, जबकि मृत्यु के मुंह में जाता हुआ मनुष्य भी आशावादी विचारों के कारण जी उठता है।

नकारात्मकता एक संक्रामक बीमारी

नकारात्मकता मन की समस्त स्फूर्ति को कुचल कर उसे निष्क्रिय बना डालती है। निराश व्यक्ति का किसी काम में मन नहीं लगता, किसी प्रकार लगा भी लिया तो वह अधूरा ही रह जाता है।

निराशा मनुष्य की भयंकर दुश्मन है। यह जीवन को दीमक की तरह चाट कर खोखला कर देती है। निराशा की पकड़ में फंसे हुए व्यक्ति का मन मस्तिष्क निषेधात्मक प्रकृतियों का केन्द्र बन जाता है।

नकारात्मकता से क्रोध, क्षोभ और आवेश जैसे कई विकार उत्पन्न हो जाते हैं। बात–बात में चिढ़ना, कुढ़ना और कुण्ठित होना उसका स्वभाव बन जाता है। निराश व्यक्ति के पास कोई न बैठना पसंद करता और न उससे बात करना। नैराश्य से घिरा हुआ व्यक्ति जहाँ बैठता है, वहाँ का पूरा का पूरा वातावरण विषादपूर्ण बना देता है। नकारात्मकता टी.बी. रोग की तरह एक संक्रमक बीमारी है।

नकारात्मकता का भयंकर परिणाम-एक सत्य घटना

अमेरिका में एक कैदी को मृत्यु दण्ड की सजा सुनाई गई। वैज्ञानिकों ने सरकार से कहा कि हम इस व्यक्ति पर प्रयोग करना चाहते हैं। उस कैदी को बताया गया कि तुम्हें मौत की सजा एक जहरीले सांप से कटवाकर दी जाएगी। उस व्यक्ति की आँखों पर एक पट्टी बांध दी गई और कुर्सी से बांध दिया गया और सांप की जगह उसे सेफ्टी पिन चुभाई गई। कैदी की कुछ ही सेकेण्ड में मौत हो गई और जब उस कैदी का पोस्टमार्टम करवाया गया तो उसके शरीर में सांप के जहर के समान जहर पाया गया।

अब यह जहर कहाँ से आया? जहर उसके मन ने ही बनाया था। आपके विचार चाहे वो सकारात्मक हो या नकारात्मक आपके शरीर में एक एनर्जी बनाते हैं, उसी एनर्जी के हिसाब से आपका शरीर काम करता है।

किसी व्यक्ति की 75 प्रतिशत बीमारियों का कारण उसकी नकारात्मक सोच होती है। आप जैसा अपने आपको मानेंगे आप वैसे ही बनते जायेंगे।

नकारात्मक विश्वास की दलदल में न फंसे

नकारात्मक विश्वास एक बाधा के समान है, जो राह के मध्य एक ऊँची चट्टान के समान है, जो कभी–कभी हाथ आई सफलता से भी वंचित कर देता है। नकारात्मक विश्वास तो उस दलदल के समान है जिसमें व्यक्ति यदि एक कदम भी बढ़ा दे तो उसका उस दलदल से

निकलना संभव ही नहीं है, वह उस दलदल में और अधिक फंसता चला जाता है, व्यक्ति नकारात्मक विश्वास के दलदल में फंसकर अपने लक्ष्य, अपनी सफलता से दूर चला जाता है। आपको इसी बाधा इसी चट्टान इसी दलदल से बचकर चलना है तथा अपने लक्ष्य के बीच आने वाली समस्त बाधाओं से मुक्ति पाना है।

नकारात्मक विश्वास व्यक्ति को लक्ष्य तक पहुँचने से ही नहीं रोकता, वरन् यह उसके व्यक्तित्व को आध्यात्मिक नुक्सान भी पहुँचाकर उसके अन्य क्षेत्र में किए जाने वाले प्रयासों को भी निष्फल कर देता है। नकारात्मक विश्वास का ही यह परिणाम होता है कि मस्तिष्क नकारात्मक संदेश ही शरीर में प्रसारित करने को बाध्य हो जाता है और शरीर में दुःख एवं व्याधि के बीज बो देता है। फलस्वरूप व्यक्ति का शरीर सुस्त, निढ़ाल एवं उत्साह हीन हो जाता है और व्यक्ति स्वयं को टूटा हुआ अनुभव करता है। ऐसा व्यक्ति प्रयास करने के पूर्व ही ऐसी धारणा बना लेता है कि वह प्रयास में सफल नहीं होगा।

अतः आप सदैव सकारात्मक विश्वास ही अपनाइए। अपने दिमाग एवं शरीर को अक्षुण्य उत्साह से परिपूर्ण बनाइए।

समस्याएँ जीवन का हिस्सा

एक रोज एक प्रोफेसर अपनी क्लास में प्रवेश करते ही बोले– "चलिए, सरप्राइज टेस्ट के लिए तैयार हो जाइए।"

सभी स्टूडेंट्स घबरा गए – कुछ किताब के पृष्ठ पलटने लगे, तो कुछ सर के नोट्स जल्दी–जल्दी पढ़ने लगे।

'ये सब काम नहीं आयेगा।" प्रोफेसर मुस्कुराते हुए बोले– मैं Question Paper आपके सामने रख रहा हूँ, जब सारे पेपर बंट जाएँ तभी आप उसे पलटकर देखियेगा।

पेपर बांट दिए गये – ठीक है, अब आप पेपर देख सकते हैं। प्रोफेसर ने निर्देश दिया।

अगले ही क्षण सभी, प्रश्न–पत्र को देख रहे थे, पर ये क्या? इसमें तो कोई प्रश्न ही नहीं था। था तो केवल व्हाइट पेपर पर एक ब्लैक स्पॉट (Black Spot)।

ये क्या सर इसमें तो कोई Question ही नहीं है, एक छात्र ने खड़े होकर कहा। प्रोफेसर बोले – जो कुछ भी है आपके सामने है। आपको बस इसी को Explain करना है और इस काम के लिए सिर्फ 12 मिनट का समय है, चलिए शुरू हो जाइए।

स्टूडेन्ट्स के पास कोई चारा नहीं था वे अपने अपने Answer लिखने लगे। समय समाप्त हुआ – प्रोफेसर ने Answer Sheet Collect की और बारी–बारी से उसे पढ़ने लगे।

लगभग सभी छात्रों ने ब्लैक स्पॉट को अपनी–अपनी तरह से समझाने की कोशिश की थी, लेकिन किसी ने भी उस स्पॉट के चारों ओर मौजूद White space के बारे में बात नहीं की थी।

प्रोफेसर गंभीर होकर बोले – इस टेस्ट का आपके शैक्षिक कार्य (Academic) से कोई लेना देना नहीं और ना ही इसके कोई मार्क देने वाला हूँ।

इस टेस्ट के पीछे मेरा एक ही उद्देश्य है – मैं आपको जीवन की एक अद्भुत सच्चाई बताना चाहता हूँ।

देखिए – इस पूरे पेपर का 90% हिस्सा सफेद है लेकिन आप में से किसी ने भी इसके बारे में नहीं लिखा और 100% उत्तर सिर्फ उस चीज को Explain करने में लगा दिया जो मात्र 10% है और यह बात हमारे जीवन में भी देखने को मिलती है।

समस्याएँ हमारे जीवन का एक छोटा हिस्सा होती हैं, लेकिन हम अपनी नकारात्मक सोच के कारण अपना पूरा ध्यान उन्हीं पर लगा देते हैं। कोई दिन–रात अपने स्वस्थ्य को लेकर परेशान रहता है तो कोई अपने कैरियर को लेकर चिंता में डूबा रहता है तो कोई बस पैसों का रोना रोता रहता है।

नकारात्मकता ग्रस्त व्यक्तियों की पहचान

नकारात्मकता ग्रस्त व्यक्तियों के नजरिये, व्यवहार एवं कार्यकलाप में सामान्यतया निम्नानुसार लक्षण पाए जाते हैं –

हमेशा चिन्ताग्रस्त :-

नकारात्मक सोच से ग्रस्त लोग हमेशा किसी न किसी तरह की

चिन्ता में रहते हैं। वे हर समय यही कयास लगाते रहते हैं कि अब कुछ गलत होने वाला हैं। इन्हें कोई भी कार्य ठीक होते नजर नहीं आता। किसी न किसी गड़बड़ी की आशंका से घिरे रहते हैं। ऐसे लोग स्वयं पर भी संशय रखते हैं।

शिकायती लहजा :-

नकारात्मक सोच से ग्रस्त व्यक्ति चीजों को लेकर शिकायत करते रहते हैं वे हर उस चीज से चिढ़े रहते हैं, जिस माहौल या वातावरण में वे रहते हैं। उसमें भी अपनी चिढ़ घोलते रहते हैं। उनके मन में हमेशा यह रहता है कि पूरी दुनिया उनके खिलाफ काम कर रही है। वे अक्सर रिश्तों, ऑफिस और घर की समस्याओं को लेकर शिकायत भी करते रहते हैं।

प्रयोगवादी नहीं, साहस का अभाव :-

नकारात्मक सोच से ग्रस्त लोग जिन्दगी में किसी भी तरह का प्रयोग करने से हिचकिचाते हैं। वे अभी जिस आरामदायक माहौल में हैं, जिसे कंफर्ट जोन कह सकते हैं, से बाहर आने में डरते हैं। वे किसी भी तरह के डर के आगे पहले ही घुटने टेक देते हैं और किसी भी काम को करने से पहले ही उनके मन में असफल होने का डर समाया रहता है।

नकारात्मक सोच की बीमारी से ग्रसित लोग चूंकि जीवन के उजले पक्ष की ओर बहुत ही कम देखते हैं इसलिए वे आनन्द रोमांच और चाहत, सौन्दर्य जैसे अनुभवों से अछूते रह जाते हैं। इनके अनुभवों का दायरा बहुत ही सिमटा होता है।

दूसरों की किलता पर खुशी :-

नकारात्मकता से कुंठित व्यक्तियों को सबसे ज्यादा खुशी तब होती है जब कोई आदमी अपने लक्ष्य को प्राप्त करने में विफल हो जाता है। तब वे दौड़ कर उसके पास जाते हैं और कहते हैं –

भैया मैंने तो तुम्हें पहले से ही कहा था कि क्यों भाग–दौड़ करते हो, यह दुनिया ही नालायकों से भरी पड़ी है। यहाँ मक्कार और बदमाश लोग ही कामयाब होते हैं। मेरे–तुम्हारे जैसे भले लोगों के लिए यह जगह नहीं है।

इसलिए जिनके पास नकारात्मक ऊर्जा हो उन्हें पहचानिए और उनसे दूरी बना लीजिये।

रूग्ण मानसिकता का निर्माण :-

मनोविज्ञान कहता है कि हम नकारात्मकता की ओर तेजी से बढ़ते है। अच्छे विचारों की तुलना में बुरे विचार तेजी से फैलते हैं और यही कारण है कि हम सुख को भूल जाते हैं और दुःख को देर तक पकड़े रहते हैं। इससे हमारे मस्तिष्क में कड़वी बाते इतनी सघन हो जाती है कि बार–बार, घूम–फिरकर उसी में उलझे रहते हैं।

नकारात्मक विचार (सोच) व्यक्ति को एक ऐसे चक्रव्यूह में फंसा देता है, जहाँ व्यक्ति को अपने दोष दुर्गुण व त्रुटियां नहीं दिखाई देते। जीवन की सभी बुराइयों, दुःखों व कष्टों का कारण वह बाहर की परिस्थितियों में तलाशता है या दूसरे व्यक्तियों पर थोंपता रहता है, यह एक रूग्ण मानसिकता का निर्माण करती है। जिससे जीवन का विकास कुंठित हो जाता है और वह घुटन पूरे जीवन के लिए अभिशप्त होती है।

❍

4.

कुटिल विचार - निकृष्ट परिणाम

कुपथ्य का उपचार हो सकता है परन्तु कुटिल विचारों का उपचार सम्भव नहीं, क्योंकि वे आत्मा को दूषित करते हैं।

- महात्मा गाँधी

नकारात्मकता से उपजे कुटिल या दुष्ट विचार कुटिल या दुष्ट आचरण की प्रेरणा देते हैं। कुटिल कर्म की ओर ले जाते हैं यही नहीं वे कुटिल या दुष्ट कर्म के लिए अनुकूल वातावरण का सृजन भी कर देते हैं। ईर्ष्या, घृणा, क्रोध, पर हानि, स्वार्थ आदि के विचारों ने हमारे समाज में लूटपाट, हिंसा खून–खराबा, आतंक, छीना–छपटी जैसी समाज विरोधी वातावरण का निर्माण किया है।

भौतिकवाद के इस युग में हमारा चिन्तन स्वार्थसिद्धि, अर्थोपार्जन जैसे व्यक्तिगत कार्यों पर केन्द्रित रहता है। इन कार्यों में बाधा डालने वाले व्यक्तियों के प्रति मन में ईर्ष्या–द्वेष भर जाता है और उनका अहित चिंतन करने लगते हैं।

कुटिल और कपटी लोगों के बारे में किसी शायर की ये पंक्तियाँ कितनी सटीक है–

मन मैला तन उजरा बगुला कपटी अंग।
तासो तो कौवा भला, तन–मन एक ही रंग।।

विचारों के रूप, रंग और प्रभाव को दृष्टिगत रखते हुए आस्ट्रेलिया के विशप लैडवीटर ने 'Thought Form' शीर्षक से एक पुस्तक लिखी है उसमें उसने बताया है कि कौन सा विचार मनुष्य के शरीर और मन को किस प्रकार प्रभावित करता है? सम्पर्क में आने वाला व्यक्ति बिना

कुछ कहे भी हमारे ऊपर कुछ प्रभाव डाल देता है क्यों? अपने विचारों द्वारा विचारों के प्रभाव द्वारा हम फौरन समझ लेते हैं कि हमारे सामने बैठा व्यक्ति हमारा शुभचिन्तक अथवा अहित चिन्तक है। इतना ही नहीं विचारों द्वारा सृजित पर्यावरण पशु–पक्षियों को भी प्रभावित करता है।

प्राचीन समय में ऋषि के आश्रम में शेर निर्भय होकर घूमते थे और घूमने वाले शेर के प्रति ऋषि भी निर्भय बना रहता था, क्योंकि ऋषि के विचार–जगत में अहित चिन्तन का भाव लेश मात्र भी नहीं होता है, इतना ही नहीं, प्रेम प्रसूत वातावरण प्रेम–भाव को विकीर्ण करने लगता है और उसकी सीमाओं में समस्त प्राणी सहज वैर–भाव भी भूल जाते हैं, ऐसे स्थलों पर शेर और बकरी का एक घाट पर पानी पीना सद्विचारों के चमत्कारी प्रभाव स्वरूप ही सम्भव होता है।

दूषित विचारों के कम्पन का प्रभाव : घुड़सवार हुआ लज्जित

एक युवती और उसकी वृद्ध माँ अपने गाँव को जा रही थी। रास्ते में सन्नाटा था और सूर्यास्त होने को था। वृद्धा अपनी बेटी की सुरक्षा के बारे में चिन्तित थी। इतने में ही एक घुड़सवार पीछे से निकला वृद्धा ने आवाज देकर घुड़सवार को रोक लिया। उसने कहा– "बेटा! मेरी बेटी को घोड़े पर बैठा लो अगली पुलिया के बराबर हमारे गाँव को जाने वाली सड़क का मोड़ है। इसको वहीं उतार देना।"

"मुझे टाईम नहीं है।" यह कहता हुआ घुड़सवार चला गया। थोड़ी सी दूर चलने के बाद घुड़सवार के मन में पाप आया। वह सोचने लगा कि इस युवती को क्यों न मैं अपने साथ ही ले जाऊँ आदि। अगले क्षण वह माँ–बेटी के सामने खड़ा हुआ। वह अत्यन्त विनम्र भाव से कह रहा था– "माताजी! मुझे क्षमा करें। मैं बहन को ले जाकर गाँव के मोड़ पर छोड़ दूँगा।"

"बेटा! अब मैं बेटी को तेरे साथ नहीं भेजूंगी। जो तुझसे कहने गया था, वह मुझसे भी कह गया है।" वृद्धा ने आत्मविश्वास पूर्वक कहा।

वृद्धा का उत्तर सुनकर घुड़सवार बुरी तरह लज्जित हो गया और चुपचाप अपनी राह पर चला गया। कारण बिलकुल साफ है घोड़े पर सवार युवक के मन में उत्पन्न होने वाले दूषित विचार ने वातावरण में विशेष प्रकार के कम्पन पैदा किये, उन कम्पनों ने वृद्धा माता के

मन–मस्तिष्क को प्रभावित किया और वह दूषित विचारों वाले युवक के कपटपूर्ण व्यवहार के प्रति सावधान हो गयी।

हमारे मन में उठने वाले विचार वायुमण्डल में विशेष प्रकार के कम्पन उत्पन्न करते हैं और इस प्रकार से एक विशेष प्रकार के वातावरण की सृष्टि करते हैं। वह वातावरण अपने विशिष्ट कम्पनों द्वारा अपना प्रभाव उत्पन्न करता है। घुड़सवार के मन में उत्पन्न होने वाले कम्पनों ने अपने लक्ष्य वृद्धा के मन में अनुसारी कम्पन उत्पन्न कर दिये और वृद्धा ने आपने मन का सन्देश समझ लिया।

कुटिल विचार, कुटिल परिणाम, खुद के लिए कुँआ

एक सीधा–सादा सरल स्वभाव का फकीर था। वह गाँव में जाता और आटा माँग कर ले आता था। जितना आटा उसे मिलता उसमें से लगभग आधा वह गरीबों को बांट देता था तथा आधे में वह अपनी उदरपूर्ति करता था। भिक्षा मांगते समय वह कहा करता था– जो दे उसका भी भला, जो न दे उसका भी भला। कभी वह कहता– कर भला होगा भला, करके देखो रे भाई।

उसी गाँव में एक वृद्धा भी रहती थी जो बड़ी ही झगड़ालू, ईर्ष्यालु और कुटिल स्वभाव की थी। वह हमेशा यही सोचा करती थी कि दूसरों का बुरा कैसे हो?

वृद्धा के चार पुत्र थे, लेकिन उसकी किसी से भी नहीं पटती थी, इस कारण चारों गाँव छोड़कर सेना में भर्ती हो गए। कुछ साल गुजर जाने के बाद वे एक बार अपने गाँव लौट रहे थे। जिस दिन वे गाँव लौटने वाले थे उसके एक रोज पहले उस कुटिल बुढ़िया को न जाने क्यों उस भोले–भाले फकीर से इतनी चिढ़ हो गई कि उसने फकीर को मार डालने के लिए आटे में जहर मिलाकर चार लड्डू खाने में दे दिए।

फकीर बेचारा सीधा–सादा शुद्ध हृदय वाला वह क्या जाने की कपटी बुढ़िया उसके साथ कोई धोखा कर रही है। वह चुपचाप लड्डू लेकर अपनी कुटिया में लौट आया और उन्हें फिर भूख लगने पर खाने के लिए एक जगह रख दिए।

संयोग की बात थी कि बुढ़िया के चारों पुत्र लौटकर आ रहे थे। रात्रि

हो जाने के कारण उन्होंने गाँव से ही कुछ दूर उस फकीर की कुटिया में रात्रि विश्राम करने का निश्चय किया। फकीर ने प्रेमपूर्वक उन्हें स्थान दिया तथा अतिथि सत्कार के लिए बुढ़िया के दिये हुए चारों लड्डू उन चारों सैनिकों को खाने के लिए दे दिये। लड्डू खाकर सैनिक निश्चित होकर निद्रा देवी की गोद में चले गये।

प्रातःकाल हुआ, फकीर सोकर उठा दिन चढ़ गया किन्तु सैनिक जागे नहीं तो फकीर ने उन्हें उठाया किन्तु अब वे क्या उठते। वे तो जहर के प्रभाव से चिरनिद्रा में सो चुके थे। फकीर ने यह देखा तो दुःखी होकर वह गाँव की ओर भागा और पुकारने लगा–

कर भला होगा भला, देखो रे भाई।
लड्डू दिए माई ने चार, मर गये चार सिपाही।।

वृद्धा ने जब फकीर की पुकार सुनी। सुनकर उसका माथा ठनका। वह तो सोच रही थी कि फकीर का नाश हो गया होगा। किन्तु हुआ विपरीत ही। उसने फकीर की कुटिया में जाकर जब अपने चारों पुत्रों को मृत देखा तो अपना सिर धुनते–धुनते बेहोश हो गई।

पाप सिर चढ़कर बोलता है। कुटिल कर्म कुटिल परिणाम ही देते हैं उससे छुटकारा नहीं मिल सकता। वृद्धा ने जैसा किया वैसा पाया। उसकी कुटिलता ने उसका ही विनाश किया। फकीर सरल हृदय वाला निश्छल था। उसकी निश्छलता और सरलता ने ही स्वयं की रक्षा की।

किसी ने क्या खूब कहा है – "निश्छल व्यक्ति के साथ किया गया कपट आपकी बर्बादी के सभी द्वार खोल देता है, चाहे आप कितने भी बड़े शतरंज के खिलाड़ी क्यों न हो।"

कुटिलता की हद मृत्यु के बाद भी प्रतिशोध

रोडमल नाम का एक व्यक्ति अपने जीवन की युवा और प्रौढ़ अवस्था तो सहज ही पार कर गया, किन्तु वृद्धता के कारण उसके हाथ–पैर चलना बंद हो गए तब निराश हो गया। यद्यपि उसके तीन पुत्र थे, किन्तु कोई भी उसकी सेवा करने के लिए तैयार नहीं था।

वृद्ध ने एक दिन अपने तीनों पुत्रों को बुलाया और कहा– 'बेटा! मेरे प्राण गले में अटक रहे हैं, निकल नहीं रहे हैं।"

पुत्रों ने पूछा– आपकी अंतिम इच्छा क्या है, जिसकी पूर्ति के अभाव में आपके प्राण फंसे हुए हैं।

तब वृद्ध ने कहा– "तुमने मेरी आज्ञा नहीं मानी, न सेवा–सुश्रुषा की। किन्तु आज मेरे जीवन की संध्या आने वाली है। मेरी अर्थी को वही हाथ लगाएगा तथा मेरे धन का वही अधिकारी होगा जो मेरी अन्तिम इच्छा पूरी करेगा।"

वृद्ध के स्वभाव से परिचित पुत्र मौन ही रहे, किन्तु सबसे छोटा पुत्र विदेश में रहने के कारण पिता के आचरण से अज्ञात था, उसने भावावेश में पिता को वचन दे दिया कि वह उनकी अन्तिम इच्छा की पूर्ति अवश्य करेगा।

"वृद्ध प्रसन्न हो गया! अपने पास बुलाकर कहा– "शाबास बेटा, तुम ही मेरे धन के उत्तराधिकारी बनने और मेरे अंतिम संस्कार करने योग्य हो।" फिर उसने धीरे से पुत्र के कान में कहा– अपने पड़ोसी ने सदा ही मेरे साथ दुर्व्यवहार किया है। मैं "उससे बदला लेना चाहता हूँ तुम मेरी मृत्यु के पश्चात् मेरे शरीर के टुकड़े–टुकड़े करके उसके घर में डाल देना और पुलिस को सूचना दे देना।"

यह सुन पुत्र कांप उठा। स्वाभाविक है कि उसने ऐसा करने से इन्कार दिया।

सोचिए – क्रूर विचारवाला मनुष्य किस सीमा तक गिर सकता है। जीवन भर वह अकार्य करता रहा, परन्तु मृत्यु के उपरान्त भी उसकी आत्मा को शान्ति नहीं होती। जिस प्रकार एक कड़वी–तूबीड़ी की कडवाहट कभी दूर नहीं होती, उसी प्रकार यह क्रूरता का विचार विष भी बड़ा भयानक होता है। कवि 'वृन्द' ने क्या सटीक कहा है–

दुष्ट न छोड़े दुष्टता कैसे हूँ सुखदेय।
धोए हूँ सौ बार को काजर होत न श्वेत।।

दुर्भावना में गंवाया अमूल्य समय

रेगिस्तान में एक आदमी के पास यमदूत पहुँचा। लेकिन आदमी उसे पहचान नहीं पाया। पर "अतिथि देवो भवः" मानकर उसका स्वागत किया। गाँवों में अभी भी अतिथि का सत्कार करते है। आंगतुक से

वार्तालाप के दौरान परिचय पूछा। अतिथि ने कहा– मेरा नाम यमराज है। मैं तुम्हारे प्राण लेने आया हूँ, लेकिन तुम मुझे बहुत अच्छे इंसान लगते हो, इसलिए मैं तुम्हें 5 मिनट के लिए 'नियति' की पुस्तक दे सकता हूँ। उसे पढ़कर तुम 5 मिनट में जो कुछ भी बदलना चाहो, तो बदल सकते हो, पर समय का ध्यान रखना।

यमदूत ने उसे 'नियति' की किताब दे दी। पुस्तक के पन्ने पलटते हुए उसे अपने पड़ोसियों के जीवन की झलंकियाँ दिख पड़ी। पड़ोसियों का खुशहाल जीवन देखकर वह ईर्ष्या और क्रोध से भर गया। उसने देखा– ये लोग इतने अच्छे जीवन के हकदार हैं ही नहीं। बस, ईर्ष्यावश पेन द्वारा अपने पडोसियों के भावी–जीवन में भरपूर काट–बिगाड़ कर वह बहुत खुश हुआ और मन–ही–मन अत्यधिक प्रसन्न हुआ।

पड़ोसी भविष्य में अवश्य दुःख भोगेंगे। इस दुर्भावना में अमूल्य समय खो दिया। फिर झटपट वह अपने भावी जीवन के पन्नों तक मुश्किल से पहुँचा कि उसी पल मौत आती दिखाई दी। इससे पहले कि वह अपने जीवन में कोई फेरबदल कर पाता, बस मौत ने उसे अपने आगोश में ले लिया। अपने जीवन के पन्नों तक पहुँचते–पहुँचते उसे 5 मिनट पूरे हो गये थे। इस प्रकार न जाने कितने लोग जीवन के अमूल्य पल यूँ ही गंवा देते है।

धन पड़ा का पड़ा रह गया

तीन चोर एक जगह चोरी करते गए, वहां से उन्हें उम्मीद से ज्यादा धन मिला। जंगल में जाकर उसे बांटने का तय हुआ, लेकिन तीनों बहुत भूखे–प्यासे थे इसलिए बंटवारे करने से पूर्व भोजन करने का निर्णय किया। एक व्यक्ति पास के एक कस्बे में भोजन सामग्री लेने गया, दूसरा पास के तालाब से पानी। एक धन की सुरक्षा के लिए वहीं ठहर गया। तीनों के मन में कुटिलता लोभ और दुर्भावना बढ़ी प्रत्येक सोचने लगा–क्यों न दो का काम–तमाम करके मैं स्वयं इसका मालिक बन जाऊँ।" फिर क्या था, एक ने भोजन में जहर मिला दिया, दूसरे ने पानी में, तीसरे ने बंदूक का सहारा लिया। उसने एक–एक करके भोजन और पानी लाने वाले साथी को आते से ही बन्दूक से सफाया कर दिया।

इसके बाद वह स्वयं भोजन करने लगा और कुछ ही समय बाद विष के प्रभाव से मर गया। स्वार्थ, दुर्भावना और कपट के कारण तीनों मर गए, धन पड़ा का पड़ा रह गया।

बाप बड़ा न भैया, सबसे बड़ा रुपैया

नकारात्मक सोच से उपजी विकृति, कुटिलता और दुष्टता के कारण धन दौलत के लिए आदमी कितना गिर सकता है? वह अपनी बहिन, बेटी, बीबी, भानजी, भतीजी तक को बेंच देता है। जिन्दा मनुष्यों की किडनी आदि अंगों को निकालकर बेच देने में उसे अपात्ति नहीं होती। हम जो दूध और घी इस्तेमाल में ला रहे हैं। क्या दावे के साथ कह सकते है कि शुद्ध है? शीतल पेयों और पानी में कीटनाशकों का जहर है, तो फल और सब्जियों की भी यही कहानी है। नकली दवाईयाँ बेचकर वह करोड़पति बनना चाहता है। आतंक, बम, बलात्कार, हत्या और कत्ले आम की घटनाओं में लिप्त आदमी धड़कते दिल वाला है– विश्वास नहीं होता।

धन–दौलत के प्रति हमारे पूर्वजों का एक सकारात्मक सोच था –

साईं इतना दीजिए जामे कुटुम्ब समाय।
मैं भी भूखा न रहूँ साधु न भूखा जाय।।

लेकिन वर्तमान में लोगों का नकारात्मक सोच हो गया है –

साईं इतना दीजिए, घर आंगन भर जाए।
कटे ऐश से जिन्दगी, बैठ पीढियां खाए।।

❍

5.

अहंकार विषवृक्ष - नकारात्मक बातों का जन्मदाता

अहंकार एक नकारात्मक सोच है जो सभी गुणों को नष्ट कर देता है। सारी ज्ञान साधन को धूल में मिला देता है। अज्ञानी व्यक्ति अहंकार में डूबे रहते हैं। उनकी स्थिति गाड़ी के नीचे चलने वाले कुत्ते के समान होती है जो यह सोचता है कि गाड़ी उसी के बल पर चल रही है।

-बेंजामिन फ्रैंकलिन, एक अमेरिकी विचारक

अहंकार मनुष्य के नकारात्मक सोच से उपजी प्रवृत्ति है जो मनुष्य के पतन और दुखों का सबसे प्रबल कारण है। 'मैं ही सब कुछ हूँ', 'मेरा विचार ही सबसे अच्छा है', 'मैं सबसे अधिक सुन्दर हूँ', 'मैं धन सम्पन्न हूँ', 'मैं पंडित हूँ', मैं महाज्ञानी हूँ' आदि अहंकारिक भावनाओं के कारण कलह, झगड़े, झंझट, द्वेष की विभिषिकाएँ उठ खड़ी होती हैं। क्या यह अभिमान सार्थक हो सकता है? आपसे अधिक तो इस धरती पर अनेक रूपवान, शक्तिवान, सामर्थ्यवान, विद्वान, ज्ञानवान, विद्यमान हैं फिर यह अंहकार आपका क्या प्रयोजन हल कर सकता है। सुख प्राप्ति के मार्ग का सबसे बड़ा रोड़ा अहंकार मनुष्य को पतन की ओर ले जाता है। अभिमानी के प्रति जनसामान्य की मान्यता पाखण्डी जैसी बन जाती है। उसके साथ सहयोग करना तो दूर सम्पर्क करने वालों में से हर एक की इच्छा होती है कि इस बला से भगवान बचाये तो अच्छा है। न उसका कोई मित्र होता, न हितैषी न घनिष्ठ। मात्र चापलूस ही उसकी हाँ में हाँ मिलाकर उल्लू बनाते हैं और साथ ही अपना कोई अनुचित स्वार्थ सिद्ध करते रहते हैं।

अहंकार अशांति का बहुत बड़ा कारण है। मनुष्य के पास धन, जन, जमीन सब कुछ है, किसी प्रकार का अभाव नहीं है। रोटी,

कपड़ा, मकान सबकी सुविधा है, हर वस्तु आवश्यकता भर ही नहीं, अधिकतापूर्ण है, तब भी वह अहंकार की दुर्बलता के कारण अशांत रहेगा। अहंप्रधान व्यक्ति अपनी मनोनुकूलता में जरा–सा विघ्न पड़ते ही उत्तेजित हो उठता है। उसे क्रोध ही आता हैं, जिससे उसका चित्त अशांति से भर जाता है। अहं का दोष मनुष्य को ईर्ष्यालु भी बना देता है। अपनी उन्नति के सामने अहंकारी व्यक्ति दूसरे की उन्नति सहन नहीं कर पाता। वह यथा–संभव हर उचित–अनुचित कोशिश करता है कि वह तो दिन–दिन उन्नति करता रहे किन्तु कोई दूसरा उन्नति न कर सके। समाज में सब उससे नीचे तथा निर्धन ही रहें। न कोई उसके बराबर हो सके और न आगे निकल सकें। दूसरे की प्रगति में रोड़े अटकाना अहंकारी का विशेष दोष है।

आँखों वाला अंधा

एक भी अहंकारी व्यक्ति का ऐसा उदाहरण नहीं मिल सकता जिसे अन्त में अपने अहंकार के कारण दुःखद स्थिति का सामना न करना पड़ा हो। चाहे वह महाशक्तिशाली रावण हो या कौरववंशी महा प्रतापी दुर्योधन हो अथवा महा क्रूर कंस हो। अहंकार व्यक्ति ही नहीं उसके पूरे परिवार को ले डूबता है। अहंकारियों की स्थिति उन अंधों जैसी होती है, जिनके पास आँखें तो होती हैं पर उन्हें अनुचित, अच्छा बुरा कुछ भी दिखाई नहीं देता। पूरी लंका तबाह हो रही थी पर रावण को लंका का तबाह होना कहाँ दिखा? कंस की आँखें थी, पर कृष्ण की शक्ति को कहाँ देख पाया। दुर्योधन क्या आँख वाला अंधा नहीं था।

इसीलिये –

अहंकार में तीनों गए, धन, वैभव और वंश।
न मानो तो देख लो, रावण, कौरव, कंस।।

जिसकी आँखों पर अहंकार का पर्दा पड़ा हो उसे न तो दूसरों के गुण दिखाई देते है और न ही अपने अवगुणों का पता चलता है।

अहंकार एक विष वृक्ष की तरह है – ईर्ष्या, घृणा, द्वेष, तनाव आदि अहंकार के पेड़ की शाखाएँ और पत्ते मात्र हैं। क्रोध के फूल, बैर के फल और विनाश के बीज अहंकार के पेड़ पर ही लगते हैं। अहंकार का पेड़

इतना तेजी से बढ़ता है कि व्यक्ति यह एहसास ही नहीं कर पाता कि उसका समूचा अस्तित्व इसकी काली छाया ने ढंक लिया है।

अहंकार का दुष्परिणाम यह होता है कि मनुष्य अपने सगे–संबंधी, संतान तक का विरोधी हो जाता है हिरण्यकश्यप को तो अहंकार ने यहाँ तक पहुँचा दिया था कि वह अपने ज्ञानी, बुद्धिमान और ईश्वर भक्त पुत्र प्रहलाद को मारने के लिए प्रयासरत था।

अहंकार विवेक का हरण कर लेता है। इसके चलते सही सोच–समझ और सम्यक जीवन दृष्टि समाप्त हो जाती है। उसे औरों की पीड़ा, पीड़ा नहीं लगती उसे तो बस अपने सुख–दुःख की परवाह रहती है।

टूट जाना, बिखर जाना, लेकिन झुकना मत

यदि आपके भीतर झुक जाने की ताकत है, इच्छा शक्ति और क्षमता है तो आप अहंकार को गला सकेंगे। झुक जाना और पराजय दो अलग–अलग बातें हैं। आदमी का अहंकार विजय और पराजय की परिभाषा भी बदल देता है। अहंकारी व्यक्ति हारने पर भी उसे जीत की परिभाषा देता है, अजीब तर्क करता है और नर्क के समान जीवन बना दुःख को आमंत्रित करता है।

अहंकार कहता है मिट जाना, लेकिन झुकना मत। खण्ड–खण्ड हो जाना, टूट जाना, बिखर जाना, लेकिन झुकना मत, तो अहंकार कभी झुकने नहीं देता। लोहा को कोई नष्ट नहीं कर सकता लेकिन उसका अपना जंग उसे नष्ट कर देता है। इसी प्रकार इंसान को कोई नष्ट नहीं कर सकता लेकिन उसका अपना अहंकार उसे नष्ट कर देता है।

किसी ने क्या खूब कहा है –

अहंकार में भूल जो जाता निज औकात।
ऐसे ही वह एक दिन हो जाता बर्बाद।।

अहंकार एक खतरनाक समुद्री दैत्य

यहूदी लोक कथाओं में 'रहाब' (अहंकार) एक खतरनाक समुद्री दैत्य बताया गया है। यह व्यक्ति को नरक की गहराइयों में ले जाता है। इससे स्पष्ट है कि अहंकार को किस कदर निकृष्ट माना गया है। अब

मनुष्य को तय करना है कि उसे इंसानियत और विनम्रता का दामन थाम कर सुख के मार्ग पर जाना है या मैं–मैं, यानि अहंकार को गले लगाकर अथाह समुद्र में नारकीय दुःखों की गहराइयों में डूब जाना है।

किसी कवि ने क्या खूब कहा है –

तूफान ज्यादा हो तो कश्तियाँ डूब जाती है।
और अहम् हो तो हस्तियाँ डूब जाती हैं।।

अहंकार सभी दुर्गुणों का जन्मदाता है। इसमें फंसा मनुष्य यह समझ नहीं पाता कि वह क्या कर रहा है जिस प्रकार पत्थर पर फूलों के पौधे नहीं उगते उसी तरह अहंकारी के आचरण में सदाचार का पौधा अंकुरित नहीं होता।

किसी ने क्या खूब कहा है –

क्यों करते हो अहंकार अपने चार दिन के ठाठ पर।
मुट्ठी भी खाली रहेगी जब पहुँचेंगे श्मशान घाट पर।।

रावण को मैंने नहीं अहंकार ने मारा - श्रीराम

अयोध्या में वापस आने पर माँ कौशल्या ने श्रीराम से पूछा– रावण को मार दिया।

भगवान श्रीराम ने बड़ा सुन्दर उत्तर दिया– 'महाज्ञानी, महा प्रतापी, महा बलशाली, प्रकाण्ड पंडित, महा शिव भक्त, चारों वेदों के ज्ञाता, शिव ताण्डव स्त्रोत के रचयिता रावण को मैंने नहीं मारा उसे उसके 'मैं' (अहंकार) ने मारा है।'

अंतिम यात्रा में भी घोड़े पर

बहुत पुरानी बात है। एक छोटा गाँव था उसमें एक समाज विशेष के पचास घर थे। उनमें से एक सज्जन जरा लक्ष्मी सम्पन्न थे। उनके पास जितनी लक्ष्मी थी उससे ज्यादा अहंकार था। जिसके प्रभाव में वे इंसानियत भी भुला बैठे थे। जब कभी गाँव में किसी की मृत्यु हो जाती तो वे सज्जन घोड़े पर बैठकर अंतिम यात्रा में सम्मिलित होते थे। लोग कहते भी थे कि यह कोई शुभ प्रसंग नहीं है किन्तु वे पैसे के नशे में कब मानने वाले थे।

एक दिन उस सज्जन व्यक्ति के पिता चल बसे। लोगों ने सोचा आज अच्छा मौका आया है इसे सबक सिखाने का। उस सज्जन व्यक्ति के पिता की शव यात्रा में जिनके घर घोड़े थे वे घोड़ा लेकर आए और जिनके पास घोड़े नहीं थे वे किराये पर लेकर आए। सज्जन व्यक्ति के घर के सामने घोड़ों की लाइन लग गई। वह व्यक्ति बाहर आया और बोला– क्या मजाक करते हैं, आप! क्या बारात सजाना है। पिताजी को कंधा कौन लगायेगा। लोग बोले इसमें क्या है, आप भाड़े के आदमी ले आइए। हम तो घोड़े से उतरने से रहे।

अब उस सज्जन को अपनी भूल का ज्ञान हुआ अहंकार का फल मिला। वह हाथ जोड़कर बोला क्षमा करें मैं पैसे के नशे में इंसानियत भूल बैठा था। भविष्य में कभी किसी के घर घोड़े पर बैठकर नहीं जाऊँगा।

किसी ने ठीक कहा है– ठंड में हाथ और घमण्ड में दिमाग काम नहीं करते।

'मैं नहीं तू' भाव-खोलता, परमात्मा का द्वार

आज व्यक्ति दिनो–दिन आत्म केन्द्रित अथवा 'मैं–मैं' में सीमित हो कर अहंकारी होता जा रहा है। व्यक्ति ने खुद को इस संसार का सर्वेसर्वा समझ लिया है। अपने अहम् और बुद्धि पर इतराते हुए वह सारी दुनिया को अपनी मुट्ठी में कर लेना चाहता है।

'मैं' यानी अहंकार के बारे में सूफी संत मौलाना रूमी ने एक स्थान पर लिखा है –

आशिक (बंदा या भक्त) ने माशूक (खुदा या ईश्वर) का दरवाजा खटखटाया, अन्दर से आवाज आयी– 'कौन' आशिक ने उत्तर दिया 'मैं' दरवाजा नहीं खुला। छः माह बाद एक बार पुनः दरवाज खटखटाया– अन्दर से आवास आयी– 'कौन' आशिक ने जवाब दिया। 'मैं' दरवाजा नहीं खुला। कई वर्षों की साधना के बाद आशिक ने जाकर माशूक का दरवाजा फिर से खटखटाया। अन्दर से फिर वही आवाज आयी 'कौन' आशिक ने जवाब दिया– 'तू' दरवाजा तुरन्त खुल गया। यह माशूक कोई व्यक्ति न होकर हमारे मनमंदिर में विराजमान परमात्मा अथवा परमार्थभाव है। मैं कि जगह मैं नहीं 'तू' का भाव जाग्रत होना– परमात्मा का द्वार खुल जाना है।

महादेवी वर्मा की सुन्दर पंक्तियाँ हैं –

आ गए तुम द्वार खुला है, अन्दर आओ पर तनिक ठहरो।
डयोढ़ी पर पड़े पायदान पर, अपना अहं झाड़ आना।।

इंसानियत बिना आदमी की कीमत दो कौड़ी भी नहीं

संसार के सबसे क्रूर और कट्टर बादशाहों में तैमूरलंग का नाम सबसे ऊपर आता है। अहंकार और महत्वाकांक्षा की तृष्णा से पीड़ित तैमूरलंग ने एक विशाल भू–भाग को रौंद कर रख दिया था। बगदाद में उसने एक लाख मरे हुए व्यक्तियों की खोपड़ियों का पहाड़ खड़ा कराया था। इस बात से उसकी क्रूरता का पता चलता है।

एक बार की बात है उसके सामने बहुत से गुलाम पकड़ कर लाए गए। दुर्भाग्य से तुर्किस्तान का सुप्रसिद्ध कवि अहमदी भी पकड़ा गया। जब वह तैमूर के सामने उपस्थित हुआ तो एक विद्रुप–सी हंसी हंसते हुए तैमूर ने दो गुलामों की ओर इशारा करते हुए पूछा– सुना है कि कवि बड़े पारखी होते हैं। बता सकते हो कि इनकी कीमत क्या होगी? इनमें से कोई भी चार हजार अशर्फियों से कम कीमत का नहीं है। अहमदी ने सरल किन्तु स्पष्ट जबाव दिया। तैमूर ने अभिमान से पूछा– मेरी कीमत क्या होगी? निडर भाव से अहमदी ने उत्तर दिया– यही कोई 20 अशर्फियाँ।

तैमूर क्रोध से आगबबूला हो गया, वह चिल्ला कर बोला– बदमाश इतने में तो मेरी सदरी (जॉकेट या बंडी) भी नहीं बन सकती। तू कैसे कह सकता है कि मेरी कीमत कुल 20 अशर्फियाँ हैं ?

अहमदी ने उत्तेजित हुए बिना उत्तर दिया– बस 20 अशर्फियाँ तो उस सदरी कीमत है जो आप पहने है। आपकी तो कुछ नहीं है। जो मनुष्यों की सेवा नहीं कर सकता, बड़ा होकर छोटों की सुरक्षा नहीं कर सकता, असहायों की, अनाथों की सेवा नहीं कर सकता, इंसान होकर भी जिसमें इंसानियत न हो, ऐसे अहंकारी की कीमत दो कौड़ी भी नहीं, उससे अच्छा तो ये गुलाम ही है, जो किसी के काम तो आते हैं।

तू कब आई, कब बैठी, कब उड़ गई पता ही नहीं चला

लुकमान बहुत ज्ञानी हुए हैं, उन्होंने कहानियों में ही अपना संदेश दिया है। लुकमान कहते हैं– एक मक्खी एक हाथी के ऊपर बैठ गई। हाथों को यह पता ही नहीं चला कि कब मक्खी बैठी। मक्खी कई बार भिनभिनाई। आवाजें दी और बोली– भाई हाथी मैं तुम्हारी पीठ पर बैठ गई हूँ। वजन महसूस हो तो मुझे बता देना, मैं हट जाऊँगी। लेकिन हाथी को कुछ सुनाई ही नहीं पड़ा।

इस बीच हाथी एक नदी पर बने पुल से गुजरा। नदी बड़ी थी। मक्खी ने नीचे देखा तो पानी देखकर डर गई। पर बोली– देख भाई मैं और तुम– हम दो लोग हैं। कहीं पुल टूट न जाए। अगर तुम्हें डर लगे तो बता देना, मैं उड़ जाऊँगी। हाथी ने कुछ सुना, पर उस पर ध्यान नहीं दिया। बाद में जब मक्खी के विदा होने का वक्त आया तो मक्खी ने कहा– "यात्रा बड़ी सुखद रही, कोई काम हो तो बताना। मक्खी की आवाज हाथी ने सुनी। उसने कहा– 'तू कब आई, कब बैठी, कब उड़ गई' इसका मुझे पता ही नहीं चला।" लेकिन तब तक मक्खी जा चुकी थी।

लुकमान साहब का कथन है कि हमारा होना भी ऐसा ही है। इतनी विशाल पृथ्वी पर हमारे होने या न होने से कोई फर्क नहीं पड़ता। इतनी बड़ी पृथ्वी पर हमारा अनुपात हाथी और मक्खी के अनुपात से भी छोटा है। मक्खी चाहती थी कि हाथी मेरा अस्तित्व स्वीकार करें।

यमदूत ने पकड़ा अहंकारी मूर्तिकार का हाथ

एक मूर्तिकार की ख्याति पूरे देश में फैली हुई थी। वह उच्च कोटि की ऐसी मूर्तियाँ बनाता था, जो सजीव लगती थी। लेकिन उसे अपनी हुनर पर अहंकार था। जब उसे लगा कि उसकी जल्दी ही मृत्यु होने वाली है, तो वह परेशानी में पड़ गया। यमदूतों को भ्रमित करने के लिए उसने एकदम अपने जैसी दस मूर्तियाँ बना डाली और अपनी योजनानुसार उन बनाई हुई मूर्तियों के बीच में स्वयं जाकर बैठ गया।

यमदूत जब उसे लेने आए तो एक जैसी ग्यारह आकृतियों को देखकर आश्चर्य चकित रह गए। इनमें मूर्तिकार कौन है यह वे पहचान नहीं पाए। वे इस पसोपेश में पड़ गए कि अब क्या किया जाये। मूर्तिकार

के प्राण यदि नहीं ले सके तो सृष्टि का नियम भंग हो जायेगा और यदि मूर्ति तोड़े तो कला का अपमान होगा।

अचानक एक यमदूत को मानवीय स्वभाव की सबसे बड़ी कमजोरी का ध्यान आया। उसने चाल चलते हुए कहा– काश इन मूर्तियों को बनाने वाला मिलता तो मैं उसे बताता कि मूर्तियाँ तो अति सुन्दर बनाई है, लेकिन इनके बनाने में त्रुटि रह गई। यह सुनकर मूर्तिकार का अहंकार जाग उठा कि मेरी कला में त्रुटि कैसे रह सकती है। फिर इस कार्य में मैंने अपना पूरा जीवन समर्पित कर दिया। वह बोल उठा– कैसी त्रुटि। फौरन यमदूत ने उसका हाथ पकड़ लिया और बोला बस यही त्रुटि कर गए तुम, अपने अहंकार में। क्या तुम नहीं जानते कि बेजान मूर्तियाँ बोला नहीं करती।

किसी विद्वान का यह कथन कितना सटीक है– "जिन्दगी में कभी अपने किसी हुनर पर घमण्ड मत करना क्योंकि पत्थर जब पानी में गिरता है तो अपने ही वजन से डूबता है।"

अगर भूल से भी कभी आपको गर्व हो जाये कि मेरे बिना तो यहाँ काम चल ही नहीं सकता, तब आप अपने घर की दीवारों पर टंगी अपने पूर्वजों की तस्वीरों की तरफ देख लेना तथा सोचना कि क्या उनके जाने के बाद कोई काम रूका है। जवाब आपको स्वतः ही मिल जायेगा।

देवताओं का असुरों से पराजित होने का कारण - अहंकार

पुराणों में कहा गया है कि देवता असुरों से जब भी पराजित हुए तो उसका कारण उनका असंगठित होना रहा और संगठित इसलिए नहीं होते, क्योंकि प्रत्येक देवता को अपनी शक्ति का अहंकार था। इसके चलते कई बार वे एक दूसरे से तालमेल नहीं बिठा पाते थे। इसका तात्पर्य यह है कि वे यदि व्यक्ति में अहंकार आ जाता है तो वह उसके सारे सद्गुणों को ढक लेता है। जिस प्रकार आँखों में यदि तिनका पड़ जाए तो सारा संसार ओझल हो जाता है। वैसे ही अहंकार भी मनुष्य को दुनियाँ से अलग कर देता है।

आपकी जमीन कहाँ है बताओ? - सुकरात

ग्रीस देश में एक धन सम्पन्न को अपने धन और जमीन का बड़ा अहंकार था। एक बार वह सुकरात के पास गया और अपनी सम्पदा का बखान करने लगा। सुकरात ने विचार किया कि यह ज्यादा अहंकारी हो गया है। उसने ग्रीस देश का नक्शा लिया और उस श्रीमंत से पूछा– इस नक्शे में आपका गाँव कहाँ है? श्रीमंत ने बड़ी कठिनाई से ढूँढकर अपने छोटे से गाँव का नाम बताया, तब सुकरात ने पूछा– इस गाँव में आपकी जमीन कहाँ है– श्रीमंत ने उत्तर दिया– उसे खोजना कठिन है जमीन थोड़ी है नक्शें में कैसे बताई जाये। तब सुकरात ने कहा– इतनी बड़ी सृष्टि में यह एक छोटी सी पृथ्वी। उसमें एक छोटा सा देश ग्रीस। उसमें एक छोटा सा गाँव फिर उसमें थोड़ी सी जमीन, तब तुम्हें इतना अभिमान किस बात का?

सुकरात की बात सुनकर श्रीमंत शर्मिंदा हो गए, उनका अहंकार काफूर हो गया।

अहंकार के बारे में किसी शायर ने कहा है –

पैर से कांटा निकल जाए तो चलने में मजा आ जाता है
और मन से अहंकार निकल जाए तो जीवन जीने में मजा आ जाता है।
चलने वाले पैरों में कितना फर्क है एक आगे है तो एक पीछे
पर ना तो आगे वाले को अभिमान है और न पीछे वाले को अपमान
क्योंकि उन्हें पता होता है कि पल भर में ये बदलने वाला है।

जिन्दगी में ऐसी ही सकारात्मक सोच रखने वालों में मानवता जिन्दा रहती है।

❍

6.

क्रोधाग्नि से स्वयं को बचाएँ जलने से

क्रोध समझदारी को बाहर निकालकर बुद्धि के दरवाजे पर चिटकनी लगा देता है, मनुष्य को विचार शून्य कर देता है।

– मुनि श्री तरूणसागर

क्रोध नकारात्मकता से उपजा एक चारित्रिक दोष है, जितनी देर हम पर क्रोध हावी रहता है, उतनी देर हम वह व्यक्ति नहीं होते, जो वास्तव में होते हैं। बल्कि उस स्थिति में हम ऐसे काम कर डालते हैं, जो सामान्य स्थिति में हमें स्वीकार नहीं होते। क्रोध में किए निर्णय न केवल दूसरों के लिए बल्कि स्वयं हमारे लिए भी हानिकारक होते हैं।

दर्पण में फूंक मारो तो वह धुंधला हो जाता है, फिर उसमें आप अपना प्रतिबिम्ब नहीं देख सकते वही स्थिति क्रोध के विषय में है। मन के दर्पण में क्रोध को फूंक मारने से आत्मदर्शन संभव नहीं है। खौलते पानी में आप अपना प्रतिबिम्ब कैसे देख सकते हैं? और क्रोधी व्यक्ति आत्मदर्शन कैसे कर सकता है?

क्रोध–मनुष्य का सबसे बड़ा दुश्मन माना जाता है, यह वह मनोभावना है जो हमारे व्यक्तिव को बुरी तरह प्रभावित करती है। हर समय क्रोधित बने रहकर हम कभी भी सुखी और संतुष्ट नहीं रह सकते।

केवल अन्याय, पाप और अत्याचार के विरूद्ध क्रोध करना उचित है। वेद कहता है – क्रोध भी तब पुण्य बन जाता है जब धर्म और मर्यादा के लिए किया जाये और सहनशीलता भी तब पाप बन जाती है जब वह धर्म और मर्यादा को नहीं बचा पाती। मगर स्वार्थ पूर्ति या अन्य किसी मामले में क्रोध करना कदापि उचित नहीं है।

माया एंजिलो अमेरिकी लेखक का तो कहना है कि अगर आपके अन्दर गुस्सा नहीं है, मतलब आप पत्थर है। आपको गुस्सा आना चाहिए, लेकिन उसमें कड़वाहट नहीं लानी चाहिए। कड़वाहट कैंसर की तरह होती है। ये इंसान को निगल लेती है।

क्रोधी का खून क्रोध के समय 'विष'

न्यूयार्क के वैज्ञानिकों ने एक अत्यन्त क्रोधी मनुष्य के शरीर का खून लिया और उसे इंजेक्शन द्वारा खरगोश के शरीर में पहुँचाया और यह जानना चाहा कि क्रोधी मनुष्य के खून का एक खरगोश पर क्या असर होता है क्या प्रतिक्रिया होती है?

आपको यह जानकर आश्चर्य होगा कि जब वह खून खरगोश के शरीर में पहुँचा तो बाईस मिनट बाद अच्छा–खासा शान्त बैठा खरगोश उछलने–कूदने लगा। पैंतीस मिनट होते–होते वह खुद को काटने लगा, जोर–जोर से चिल्लाना प्रारंभ कर दिया गरम–गरम सांसे छोड़ने लगा और एक घण्टे के अन्दर वह पैर पटक–पटक कर मर गया। क्योंकि क्रोधी व्यक्ति का जहरीला खून विष का काम कर गया।

प्रसिद्ध शरीर विज्ञानी डॉ. जे. एस्टर ने क्रोध के कारण भस्म होने वाली शक्ति का अनुमान लगाते हुए जो कहा है, वह आँखें खोलने वाला है। उनका कहना है कि 15 मिनट के क्रोध से आदमी की शक्ति का जितना ह्रास होता है उससे सामान्यतः वह साढ़े नौ घण्टे कठिन परिश्रम कर सकता है।

बोधिसत्य बुद्ध का कथन है – जिस प्रकार खौलते हुए पानी में अपना प्रतिबिम्ब नहीं दिख सकता उसी प्रकार क्रोधावेश व्यक्ति यह नहीं समझ पाता कि उसका हित किस बात में है।

क्रोधाग्नि 'यमराज' - आचार्य चाणक्य

क्रोधाग्नि केवल आपको ही हानि नहीं पहुँचाती, अन्य व्यक्तियों के साथ स्थापित मैत्री पूर्ण सम्बन्धों को, परिवार की प्रसन्नता एवं व्यवसाय को भी नष्ट करने से नहीं चूकती। क्रोध मानवीय स्वास्थ्य के साथ ही दुष्टता का भयंकर प्रदर्शन नहीं करता वरन् वह व्यक्ति की तर्कशक्ति एवं विवेक का भी ह्रास करता है।

क्रोधाग्नि एक ऐसी अग्नि है जो मनुष्य को गीली लकड़ी की भांति धीरे–धीरे सुलगाती रहती है तथा जिसका विषैला धुंआ आपके तन एवं मन को ही नहीं, आसपास के वातावरण को भी प्रदूषित करता है। अत्यन्त घातक विषों में क्रोध की गणना होती है। आचार्य चाणक्य ने क्रोध को यमराज की संज्ञा दी है।

क्रोध का 'खानदान'

क्रोध का अपना पूरा खानदान है। क्रोध की एक लाडली बहिन है–जिद। वह हमेशा क्रोध के साथ–साथ रहती है। क्रोध की पत्नी है–हिंसा। वह पीछे छिपी रहती है, लेकिन कभी–कभी आवाज सुनकर बाहर आ जाती है।

क्रोध के बड़े भाई का नाम है – अहंकार। क्रोध का बाप भी है, जिससे वह डरता है उसका नाम है भय। निन्दा और चुगली क्रोध की बेटियाँ हैं। एक मुँह के पास रहेगी तो दूसरी कान के पास। बैर बेटा है। ईर्ष्या इस खानदान की नकचढ़ी बहू है। इस परिवार में पोती है–घृणा। घृणा हमेशा नाक के पास रहती है, नाक–भौ सिकोड़ना काम है इसका उपेक्षा क्रोध की माँ है।

क्रोध की अग्नि से उजड़ा एक हराभरा गुलशन

एक व्यापारी शाम को दुकान से अपने घर आया। दस हजार रुपये पत्नी को अलमारी में रखने के लिए दिए। पत्नी खाना बना रही थी, रूपयों को वहीं चूल्हे के पास रख दिए। सर्दी के दिन थे, पास मे ही उसका दो–ढाई वर्ष का बच्चा बैठा था। माँ थोड़ी देर के लिए बाहर गई, इतने में बच्चा उठा और रूपयों की गड्डी को उठाकर जलते चूल्हे में डाल दी। अग्नि तेज जलने लगी। बच्चा खुश हो रहा था कि आग की लपटें कितनी तेज उठ रही है। बच्चा कई बार अपनी माँ को भी चूल्हे में अग्नि तेज करने के लिए पेपर के टुकड़ों को डालते देखा था। इतने में माँ आ गई। उसने जब यह नजारा देखा तो उसे समझने में देर न लगी। क्रोध ने उसे अंधा बना दिया। क्रोध का भूत उसके मन–मस्तिष्क पर सवार हो गया, वह अपना होश हवास खो बैठी, फिर क्या था, आव देखा न ताव, उसने अपने बेटे को उठाया और जलते चूल्हे में झोंक दिया, बेटा जलकर राख हो गया।

इकलौता बेटा था उसका जिसे क्रोध खा गया। बुढ़ापे का सहारा था उसे क्रोध ने छीन लिया।

इस दर्दनाक घटना को जब पति ने देखा, वह आग–बबूला हो गया। पत्नी के प्रति नफरत व क्रोध से भर गया। पत्नी को माफ न कर सका, वह क्रोध में अपना मानसिक संतुलन खो बैठा। फिर क्या था एक धारदार हथियार से पत्नी की गर्दन काटकर निर्मम हत्या कर दी।

एक हरा–भरा गुलशन क्रोध की अग्नि से उजड़ गया, एक हंसता मुस्कुराता परिवार वीरान हो गया।

इस संदर्भ में कन्फ्यूशियस का कथन है जिस प्रकार धुँआ आग को ढंक लेता है, गर्द शीशे को धुंधला कर देती है, उसी प्रकार क्रोध भी व्यक्ति की बुद्धि पर पर्दा डाल देता है।

किसी शायर ने ठीक ही कहा है –

क्रोध करना छोड़ दो, यह दुर्गुण की खान है,
पतन का यह मार्ग, फिर नहीं उत्थान है।।

भस्म होती इसी में, मनुज की सद्‌भावना है,
कृत्य और अकृत्य का फिर हो न सकता ज्ञान है।।

क्रोधाग्नि के बारे में कुछ पौराणिक कथाएँ

क्रोधी मनुष्य किस प्रकार अपना अधःपतन एवं सर्वनाश करता है इस संबंध में दो पौराणिक कथाएँ –

दुर्वासा ऋषि का क्रोध

दुर्वासा ऋषि का स्वभाव बड़ा क्रोधी था, जिस पर वे कुपित हो जाएं, उसकी खैर नहीं। एक बार महाराज अंबरीष पर दुर्वासा व्यर्थ ही क्रुद्ध हो गए। उनकी कोई गलती भी नहीं थी और न उसने कोई अवज्ञा ही की थी, लेकिन जब क्रोध स्वभाव का एक अंग बन जाता है, तो वह कारण नहीं देखता। महर्षि के क्रोध से त्रस्त अंबरीष भगवान की प्रार्थना करने लगे। भगवान विष्णु ने अनुचित क्रोध का दण्ड देने के लिए अपना सुदर्शन चक्र दुर्वासा के ऊपर चला दिया। दुर्वासा आगे–आगे दौड़ने लगे चक्र उनका पीछा करने लगा। अंत में उन्हें अंबरीष से क्षमा मांगनी

पड़ी, तब सुदर्शन चक्र से मुक्त हो सके। व्यर्थ ही क्रोध करके सज्जनों को त्रस्त करने वाले व्यक्तियों को परमात्मा का भी कोप भाजन बनना पड़ता है।

ऋषिपुत्र प्रचेता का क्रोध

ऋषि पुत्र प्रचेता बहुत ही क्रोधी स्वभाव के थे। जरा सी बात पर उत्तेजित होकर अकरणीय कर डालते थे। एक दिन वे एक संकरे पथ से गुजर रहे थे कि उसी समय दूसरी ओर से कल्याणपाद नामक व्यक्ति भी आ रहा था। आमना–सामना हुआ, लेकिन कोई भी अपने पथ को छोड़ने पर तैयार नहीं हुआ। प्रचेता से यह नहीं सहा गया और उन्होंने कल्याण को शाप दे दिया – तू राक्षस हो जा ! पूर्व तपस्या के प्रभाव से प्रचेता की वाणी सिद्ध हुई और कल्याणपाद राक्षस बन गया, लेकिन उसने प्रचेता को ही खा डाला। क्रोध स्वयं क्रोध करने वाले को ही नष्ट कर डालता है।

क्रोध को कैसे जीते-एक दार्शनिक का सुझाव

एक बड़े दार्शनिक से एक जिज्ञासु युवक ने पूछा, श्रीमान जब कोई व्यक्ति किसी दूसरे पर क्रोधित होता है, तो वह तेज आवाज में क्यों बोलता है? जिस पर वह क्रोधित होता है, वह तो उसके निकट ही होता है, फिर उसे चिल्लाकर बोलने की क्या आवश्यकता? दार्शनिक ने कहा – दरअसल, जब कोई व्यक्ति किसी पर क्रोधित हो जाता है, तो भले ही उनमें शारीरिक निकटता हो, पर दोनों के दिलों के बीच की दूरी बढ़ जाती है। वह जितना ज्यादा नाराज होगा, यह दूरी उतनी ही बढ़ जाती है। इसी दूरी के कारण लोग चिल्लाकर बोलते हैं।

फिर थोड़ा सोचते हुए दार्शनिक बोले– 'तुमने देखा होगा, जब दो लोग प्रेम में होते हैं, तब वे धीरे–धीरे बातें करते हैं।' जब वे एक दूसरे को ज्यादा चाहने लगते हैं, तो उनके दिल आपस में मिल जाते हैं। तब उन्हें बोलने की भी जरूरत नहीं पड़ती। दोनों सिर्फ एक दूसरे को देखते हैं और एक–दूसरे की बात इशारे में ही समझ लेते हैं।

अतः क्रोध को जीतने का एक ही तरीका है सबके दिलों के नजदीक रहना यानी सभी से प्रेमपूर्वक व्यवहार करना।

किसी ने ठीक ही कहा –

मधुर वाणी शीतल ह्रदय सुन्दर सरल उदार।
जो जन ऐसे जगत में तिन से सबको प्यार।।

सकारात्मक नजरिया - क्रोध शान्त

एक गुरू अपने शिष्य के साथ एक लंबी यात्रा करने के पश्चात् अपनी कुटिया की ओर जा रहे थे। संध्या का समय था। दोनों ही जब अपनी कुटिया के निकट पहुँचे तो उन्होंने कुटिया को आधी उजड़ी स्थिति में देखा। वर्षा ऋतु की आंधी तूफान ने आधी कुटिया को उड़ा दिया और आधी यथावत थी। यह दृश्य देख शिष्य एकदम क्रोधित हो गया और उत्तेजना भरे स्वर में बोला –

गुरूदेव इन्हीं बातों से तो मुझे भगवान पर शक हो जाता है। जो दुर्जन है उनके मकान तो सुरक्षित है हम जो दिन–रात प्रभु स्मरण में बिताते हैं। फिर भी भगवान हमारे छप्पर का भी ख्याल नहीं रखते।

यह सुनकर गुरू ने आनंदित होकर कहा – वत्स मैं तो परमात्मा के प्रति आभार प्रकट करता हूँ, धन्यवाद देता हूँ, खुश हूँ कि उसने हमारी बहुत रक्षा की। क्योंकि आंधी तूफान का क्या भरोसा था। वह तो पूरा छप्पर ही उड़ा कर ले जा सकता था। परन्तु यह उस परमात्मा की कृपा थी उसने हम पर इतनी दया की और झोपड़े को इस हालत में रखा कि थोड़ी सी मेहनत से उसका पुनः निर्माण किया जा सकता है।

इस उदाहरण से स्पष्ट है कि सकारात्मक नजरिया किस प्रकार क्रोध को शांत कर देता है और परेशानी को भुला देता है।

उबलते दूध पर पानी

आपके साथ किसी व्यक्ति ने अच्छा व्यवहार नहीं किया और आपको अपमानित महसूस कराया। आप क्रोध से भर गए। रात भर नींद नहीं आई और सोचते रहे कि कैसे उस नीच व्यक्ति को नीचा दिखाया जाये, अपमान का प्रतिशोध लिया जाए। दूसरे दिन भी आप की भूख, प्यास गायब और आँखें लाल सुर्ख। अचानक वह व्यक्ति आपके घर आता है और विनम्रता पूर्वक स्पष्टीकरण देते हुए अपनी गलती के लिए माफी

माँग लेता है। इससे आपको कितनी शान्ति मिलेगी। आपको ऐसा महसूस होगा मानों उफनते हुए दूध पर पानी डाल दिया हो। पिछली रात को जाग कर उसे नीचा दिखाने और प्रतिशोध लेने की जो योजना बनाई थी। उस पर आपको हंसी आए बिना नहीं रहेगी और आप सोचने लगते हैं कि वह व्यक्ति बुरा तो नहीं है। वह भी तो आखिरकार इंसान ही है गलती कर बैठा, तो बेचारे ने गलती मान ली, फिर इतना क्रोधित होने की क्या आवश्यकता थी। ठीक इसी प्रकार उस व्यक्ति को भी क्षमा मांगने के बाद अपराध बोध से मुक्त होने पर आप को शान्ति मिलेगी, सुकून महसूस होगा।

अमेरिकन मनोवैज्ञानिक विलियम जेम्स ने क्षमा को सबसे महान पुण्य बताते हुए लिखा है कि गलती करना मानवीय भूल है लेकिन क्षमा कर देने वाला दिव्य पुरूष होता है।

क्रोधाग्नि शमन के बारे में मनीषियों के कुछ सुझाव

महान विचारक सोनेका ने क्रोध निवारण के बारे में कहा है– 'क्रोधाग्नि का श्रेष्ठ उपचार है उस अवधि में किए जाने वाले कार्यों का निलम्बन'। अतः जिस समय क्रोध उत्पन्न होने वाला हो, उस समय उसके परिणाम पर विचार करो।

जब आपको क्रोध आए तो उस घटना को लिख लें। इस प्रैक्टिस को एक सप्ताह तक करें। इसके बाद डायरी दोबारा उठाएं और क्रोध आने के कारणों को पढ़ना शुरू करें। आपको लगेगा कि अधिकांश बातों पर आपका क्रोध करना निरर्थक था। तो इसके पहले की क्रोध आप पर नियंत्रण पा ले, आप उसे कन्ट्रोल कर लीजिए। यह आपकी खुशियों को कई गुना बढ़ा देगा।

क्रोध की एक अमोघ औषधि और है – मधुर वचन या मीठे बोल। जैसा कि तुलसीदास का कथन है –

तुलसी मीठे वचन से सुख उपजेहु चंहुओर,
वशीकरण यह मंत्र है, तज दे वचन कठोर।

❍

7.

मन मन्दिर में भय का भूत-प्रवेश निषेध

भय से बढ़कर अनिष्टकारी दूसरा कोई मनोविकार नहीं। यह ऐसा महान शत्रु है जो व्यक्ति की विकास-विजय को पराजय में, आशा को निराशा में, उन्नति को अवनति में, क्षण भर में बदलकर रख देता है।

- स्वामी विवेकानंद

भय एक दानव है, जो मनुष्य के अपने भीतर से यानी अपनी नकारात्मक सोच से उपजता है। यों तो मनुष्य दुनियां का सर्वश्रेष्ठ प्राणी हैं। वह प्राकृतिक शक्तियों को अपने वश में करता चला जा रहा है। पर वह अपने ही भीतर पैदा होने वाले इस भय नामक दानव के हाथों परेशान है। यह एक ऐसा शत्रु है, जो उसकी सारी शक्ति मिट्टी में मिला देता है। भूख, रोग, गरीबी, असफलता एवं अन्य कई बातों का भय उसे हर समय परेशान रखता है। हर एक व्यक्ति को यह चिन्ता खाए जाती है कि समाज, जाति और बिरादरी में वह अपनी मान प्रतिष्ठा न खो बैठे। कल्पना जब इस चिन्ता में रंग भरती है तो वह भयंकर दानव का रूप धारण कर लेती है।

यह बड़ी अजीब बात है कि दुनिया का सर्वश्रेष्ठ प्राणी इस दानव के हाथों यों पराजित हो जाए। इससे भी अनोखी बात यह है कि हम यह महसूस ही नहीं कर पाते कि हमारे नकारात्मक विचार इस भयंकर दानव का रूप धारण करके डराते है। जबकि हमारे मन के बाहर इसका कोई अस्तिव नहीं है।

एक जापानी कहानी है। एक आदमी को एक भयानक दानव हर समय तंग करता था। दानव के कारण उसका जीवन दूभर हो गया था।

आखिर आदमी ने उससे कहा– तुम मुझे क्यों सताते हो? मैंने तुम्हारा क्या बिगाड़ा है? दानव ने उत्तर दिया – महोदय मुझ पर दोषारोपण मत करो। अपनी परेशानी के लिए आप स्वयं जिम्मेदार हैं।

भय, दुःख, नित्य प्रति की चिन्ताएँ हमने स्वयं ही पैदा की है। भय की एक शंका मन में प्रवेश करते ही वातावरण को संदेहपूर्ण बना देता है। हमें चारों तरफ वहीं चीज नजर आने लगती है, जिससे हम डरते हैं। यदि हम भय की भावनाएँ हमेशा के लिए मनोमंदिर से निकाल डालें तो उचित रूप से तृप्त और सुखी रह सकते हैं। आनंदित रहने के लिए यह अत्यन्त आवश्यक है कि अंतःकरण भय की कल्पनाओं से सर्वथा मुक्त रहें।

भय अज्ञानता से उत्पन्न होता है। आदिमानव का ज्ञान बहुत थोड़ा था। वह प्राकृतिक शक्तियों को समझता नहीं था, इसलिए बादल की कड़क और बिजली की चमक से डर जाता था। प्राचीन रोमनों पर भय इतना हावी था कि उन्होंने भय का मन्दिर बनवाया है और प्राचीन भारतीयों ने भय को रूद्रदेवता का नाम दिया है। हम इसलिए डरते हैं कि हम अपने भीतर की अतुल शक्तियों को समझ नहीं पाते।

भय के भूत का निर्माता कौन?

भय मनुष्य का बहुत बड़ा शत्रु हैं, उसको अनेक प्रकार के भय सताते रहते है। यथा–परिस्थिति परिवर्तन हो जाने का भय, अधिकार छिन जाने का भय, समाज का भय, नौकरी में बॉस का भय, व्यापार में हानि हो जाने का भय, भगवान का भय आदि। गंभीरतापूर्वक अध्ययन करने पर हम इस निष्कर्ष को पाते है कि हमें सबसे ज्यादा भय स्वयं अपने से लगता है क्योंकि भय वस्तुतः मानव–मन की कल्पना होता है। जैसे ही हम अपने मन की ओर देखने का प्रयास करते हैं, उसमें झांककर देखने का प्रयास करते हैं, वैसे ही हमें अपने हृदय में स्थित अनेक अवगुण रूपी अंधेरा दिखाई देता है और हम भयभीत होकर बाहर की ओर इधर–उधर देखने लग जाते हैं। ठीक उसी प्रकार जिस प्रकार अंधेरे में जाते हुए डरने वाला बालक जोर–जोर से हनुमानजी का नाम लेने लगता है, अंधेरे में रखी हुई प्रत्येक चीज खूंटी पर टंगे कपड़े तक उस

बालक को भूत प्रतीत होने लगते हैं। इसी प्रकार हमारे नकारात्मक मन की नकारात्मकता हमें भय का चश्मा चढ़ा देती है और हमें चारों ओर अंधकार ही अंधकार महसूस होने लगता है।

आइए हम आज से ही प्रतिज्ञा करें कि हम अभय है। भय के भूत को अपने निकट नहीं आने देंगे। श्रद्धा और विश्वास के दीपक से अंतःकरण आलोकित रहेंगे और निर्भयपूर्वक परमात्मा की इस पुनीत धरा में विचरण करेंगे।

काल्पनिक भय-आशंका से बना नवयुवक काल का ग्रास - एक सत्य घटना

यह घटना सन् 1046 की है। मात्र भय अथवा आशंका व्यक्ति को किस प्रकार प्रभावित कर सकती है यह उसका एक छोटा–सा उदाहरण है, मथुरा (उ.प्र.) जनपद के कस्बे बलदेव में उन दिनों मेला लगा हुआ था। श्री बलदेव मन्दिर के चहुँओर विशेष रौनक थी, मन्दिर के निकट ही फूस के छप्पर से आच्छादित दुकान में बड़ी कढ़ाही में दूध उबल रहा था, दुकान पर दूध खरीदने वालों की पर्याप्त भीड़ थी, तभी चार नौजवान दुकान की ओर बढ़े और पीने के लिए दूध लिया, और दूध पीने के उपरान्त उनमें से एक नवयुवक बोला – "लालाजी, क्या बात है आज दूध में वह आनन्द नहीं मिला जो हमने तीन वर्ष पूर्व पिये हुए दूध में प्राप्त किया था, आजकल अधिक पानी मिलाने लगे हैं दूध में क्या?"

"नहीं ऐसी बात नहीं, दूध तो एकदम खालिश है, पानी मिलाने का क्या काम एकदम शुद्ध दूध है भैया" बोलते हुए लाला जी ने चौंकते हुए पूछा – "आप कब की बात कर रहे हैं?"

"ये ही तीन वर्ष पहले की बात है, आज के दिन ही तो आपकी दुकान से हमने दूध पिया था, जब हम मेला देखने और दाऊजी के दर्शन करने आये थे" – नवयुवक ने उत्तर दिया।

लालाजी कुछ बोलने को उद्यत हुए तभी ठिठककर रूक गये, नवयुवक ने लालाजी को संकोच करते हुए देखा तो बोल पड़ा – "हाँ–हाँ कहिए, आप कुछ कहना चाह रहे हैं न "दुकानदार ने ठिठकते हुए बताना प्रारंभ किया, यह सोचकर की तीन वर्ष पश्चात् उस घटना के बताने में

क्या हर्ज – "उस दिन बड़ी ही विचित्र घटना घट गई थी, जब सारा दूध बिक गया तो हमने कढ़ाही की तली में रस्सी समान अस्थिपंजर पड़ा देखा, हम तो विस्मय एवं भय से सिहर गये। अपने आसपास के दैनिक ग्राहकों के सम्बन्ध में हमने पता करवाया कि कहीं कोई अनहोनी तो नहीं घट गई, श्री बलदेवजी महाराज की अनुकम्पा से सब कुछ ठीक–ठाक रहा।" "आपने पूरी बात तो बताई ही नहीं" – एक नवयुवक बोल पड़ा, लालाजी ने अपनी बात को आगे बढ़ाया "भैया ऐसा लगता था कि उस दिन दुकान के छप्पर में कहीं से एक साँप आ गया और उबलते हुए दूध में गिर पड़ा।"

इतना सुनते ही उन चार नवयुवकों में से एक वहीं बेहोश होकर गिर पड़ा और उसके प्राण पखेरू उड़ गये, अवांछित भय के इस ताण्डव से भी अधिक कुछ वीभत्स हो सकता है कि मात्र काल्पनिक भय–आशंका से ग्रस्त हो वह नवयुवक काल का ग्रास बन गया, जबकि वास्तविकता तो यह थी कि तीन वर्ष पूर्व की घटना का इस परिणाम से क्या सामंजस्य?

आपने ही भय को इतना शक्तिशाली रूप प्रदान कर रखा है जो आपको विभिन्न रूपों में दृष्टिगोचर हो कर आपकी मनोभावनाओं को प्रभावित करने का यत्न कर रहा है तथा आपको जीवन के पूर्ण आनन्दोत्सव से वंचित करने का प्रयत्न कर रहा है, सामने उपस्थित उत्तम अवसरों से लाभ उठाने से बाधित कर रहा है, यह भय ही तो है जो आपके व्यक्तिव को अपूरणीय क्षति पहुँचाता है, जीवन को कष्टमय बनाता है, शारीरिक व्याधियों को आमन्त्रित करता है तथा आपके प्रत्येक सफल कार्यकलाप में असफलता का विष घोलने का प्रयत्न करता है।

मुसीबतों का सामना करें डटकर, भागे नहीं - स्वामी विवेकानंद

मन की दुर्बलता से ही सब प्रकार के शारीरिक और मानसिक दुःख आते हैं। लाखों–करोड़ों कीटाणु हमारे आसपास है, परन्तु जब तक हम दुर्बल नहीं होते, जब तक शरीर उनके उपयुक्त नहीं होता, तब तक वे हमें कोई हानि नहीं पहुँचा सकते। ऐसे करोड़ों दुःख रूपी कीटाणु हमारे आसपास क्यों न मंडराते रहें, कुछ चिन्ता न करों। जब तक हमारा मन कमजोर नहीं होता तब तक उनकी हिम्मत नहीं कि वे हमारे पास फटकें, उनमें ताकत नहीं कि वे हम पर हमला करें। यह एक बड़ा सत्य है कि

बल ही जीवन है और दुर्बलता ही मरण। बल ही अनन्त सुख तथा अमर और शाश्वत जीवन है और दुर्बलता ही मृत्यु।

एक बार मैं काशी में एक जगह से गुजर रहा था, वहाँ एक ओर बड़ा तालाब और दूसरी तरफ एक ऊँची दीवाल थी। उस स्थान पर बहुत–से बन्दर थे। काशी के बन्दर बड़े–बड़े होते हैं और कभी–कभी बड़े दुष्ट भी। उन्होंने मुझे उस रास्ते पर से न जाने देने का निश्चय किया। वे विकट चीत्कार करने लगे और आकर मेरे पैरों से लिपटने लगे। उन्हें देखकर मैं भागने लगा, किन्तु मैं जितना तेज दौड़ने लगा, वे उससे अधिक तेजी से आकर मुझे काटने लगे। उनके हाथ से छुटकारा पाना असम्भव–सा लगा। ठीक तभी एक अपरिचित व्यक्ति ने मुझे आवाज दी, 'बन्दरों का सामना करो'; और मैं जैसे ही पलटकर उनके सामने खड़ा हुआ, वे पीछे हटकर भाग गये। जीवन में हमको यह शिक्षा लेनी होगी – जो कुछ भयानक है, उसका सामना करना पड़ेगा, साहसपूर्वक उसके सामने खड़ा होना पड़ेगा। जैसे बन्दरों के सामने से न भागकर उनका सामना करने पर वे भाग गये, वैसे ही हमारे जीवन में जो कुछ कष्टप्रद बातें हैं, उनका सामना करने पर, वे भाग जाती हैं।

डर से भाग मत, उसका सामना करो। डर से डर कर तुम जितना भागोगे, डर उतना ही पीछा करेगा।

हम जिस मुश्किलों से लड़ नहीं पाते उनसे दूर भाग जाना ही उचित समझते है। यह गलत है। क्या कोई आदमी अपनी परछाई से दूर भाग सकता है?

ना बनाएं अनहोनी का भययुक्त चित्र

अनहोनी की कल्पना यदि आपके दिमाग में आती है तो उसका भययुक्त चित्र अपने आप में दिखाई देने लगता है, इसी से भयभीत हो जाते हैं। ऐसे अवसर आने पर वस्तुस्थिति का निराकरण तत्काल कर लेना चाहिए क्योंकि जब तक यह कल्पना आपके मस्तिष्क में बनी रहेगी आप बेचैन रहेंगे और कोई दूसरा काम भी नहीं कर सकेंगे। अंधेरी रात में घर में सोए हैं, ऐसी शंका होती कि छत पर कोई है 'चोर ही होगा'। यह कल्पना अधिक दृढ़ हो जाती है। बस आपकी हिम्मत टूट जाती है और

डर जाते हैं। थोड़ा साहस कीजिए और उठिए, चाहे तो हाथ में लाठी उठा लीजिए। ऊपर तक हो आइए, आपकी परेशानी दूर हो जाएगी, चोर हुआ तो वह आहट पाते ही भागेगा। आपकी सम्पत्ति भी बच जाएगी और भय की दशा भी दूर हो जायेगी। काल्पनिक भय या आशंकाजन्य भय तत्काल निराकरण से ही दूर हो जाता है।

छोड़ें भय भीरूता

डरपोक मन, कायरता और सशंकित रहने की नकारात्मक प्रवृत्तियों के रहते, कोई महत्वपूर्ण कार्य पूरा कर पाने में समर्थ नहीं हो सकता। सफलता प्राप्त करने के लिए भय रहित होकर उस कार्य में जुटना पड़ेगा अन्यथा मानसिक चेष्टाओं में वह लगन, तत्परता और एकाग्रता नहीं बन पायेगी। जिसकी कार्य पूर्ति के लिए जरूरत महसूस की गई थी।

महात्मा गाँधी ने अपनी आत्मकथा 'सत्य की खोज' में अपने अनुभव बहुत ही स्पष्टता से वर्णन किए हैं। उन्होंने लिखा है कि जब वे कोई भाषण करने अथवा कोर्ट में जिरह करने खड़े होते थे तो असफलता के भय से उनकी टांगे कांपने लगती थीं और मुँह से बात नहीं निकलती थी। यही कारण था कि जब उन्होंने विलायत से लौटकर राजकोट में वकालत शुरू की तो वे सफल नहीं हुए। इस असफलता के कारण के अफ्रीका गए। वहाँ उन्हें नई परिस्थितियों से संघर्ष करना पड़ा और आखिर संघर्ष ने उनका भय दूर किया।

महात्मा गाँधी के जीवन से हम यह समझ सकते है कि जीवन में सफलता प्राप्त कर लेना कुछ भी मुश्किल नहीं है। लेकिन सफलता प्राप्त करने के लिए पहले भय से मुक्ति करनी होगी।

भय सफलता के मार्ग में सबसे बड़ा बाधक है। साहसी, हिम्मतवर और सकारात्मक सोच रखने वाले व्यक्ति हजार कठिनाईयों के आने पर भी विचलित नहीं होते। विकास की गाड़ी रूके नहीं, सफलता की मंजिल तक पहुँचने में संदेह न रहे, इसके लिए भय–भीरूता को छोड़ना पड़ेगी और अपने इस प्रयत्न में अपनी सकारात्मक विचारधारा का प्रभावी समावेश करना होगा। सकारात्मक विचारधारा आपको अनेक दुश्चिन्ता और भय से मुक्त रखने का अभिनव प्रयास करती है।

❍

8.

ईर्ष्या की नकारात्मकता से बचें

"ईर्ष्यालु व्यक्ति कभी भी चैन से नहीं बैठ पाता। वह हमेशा दूसरों से असंतुष्ट ही रहता है तथा कभी–कभी उनकी अच्छी चीजों, गुणों की प्रशंसा करना तो दूर रहा वह उन्हें सुन भी नहीं पाता।

– एक विचारक

ईर्ष्या स्वभाव की एक ऐसी नकारात्मक विकृति है, जो व्यक्ति को अन्दर से खोखला कर देती है और उसे सुख चैन से नहीं रहने देती। ईर्ष्या के मूल में है स्वःमहत्व की आकांक्षा और यह विशेषरूप से तब जन्म लेती है, जब हम दूसरों से अपनी तुलना कर रहे होते हैं। व्यक्ति में ईर्ष्या भाव तब जगता है, जब वह हीनता के भाव से ग्रसित होता है और अपनी पहचान पाने के लिए स्वयं को बेहतर सिद्ध करना चाहता है।

ईर्ष्यालु स्वयं सदैव ईर्ष्याग्नि में जलता रहता है। यह अग्नि हमेशा प्रज्वलित रहती है। दीये की लौ भी जलती है किन्तु वह केवल अंधकार के समय जलती है और उसका नाश भी करती है जबकि ईर्ष्या से उत्पन्न जलन सतत उपस्थित रहती है। दिन–रात मनुष्य जलता रहता है।

ईर्ष्यालु व्यक्ति कभी किसी का भला नहीं करता, ईर्ष्या के कारण उसकी सोच नकारात्मक रह अन्य को हानि पहुँचाने के ताने–बाने बुना करती है। जब तक वह अपनी रची योजनाओं में सफल नहीं हो जाता उसे चैन नहीं पड़ता। ऐसे लोग दूसरे का सुख वैभव देखकर अग्नि की तरह जलते हैं।

ईर्ष्या से जुड़ी एक सत्य घटना

राधिका और अनामिका वर्षों से साथ–साथ अच्छे पड़ोसियों की तरह रहती थीं। विवाह के बाद से ही दोनों परिवार एक ही मकान में किरायेदार के रूप में रहते आए थे। राधिका के पति प्रेमनारायण अध्यापक थे और अनामिका के पति सुरेशचन्द्र सेल्स टैक्स इंस्पेक्टर। सुरेशचन्द्र को 'ऊपर' की आमदनी बहुत होने लगी। धीरे–धीरे उनके घर में बड़ी साइज का रंगीन टेलीविजन, बढ़िया सोफा सेट और दो कमरों में एसी का प्रवेश हुआ। हर नई चीज के घर में आने के साथ ही राधिका के व्यवहार में रूखापन बढ़ता गया और आखिर उसने अनामिका से बोलचाल बंद कर दी। बेचारी अनामिका का इसमें क्या दोष था।

उधर अध्यापक प्रेमनारायण ने जी–तोड़ ट्यूशन करना शुरू किया। मगर इसमें इतनी जल्दी आमदनी कहाँ? परिणामस्वरूप राधिका व प्रेमनारायण, सुरेशचन्द्र और अनामिका से असंतुष्ट रहने लगे। वर्षों के संबंध टूट गए।

कोई चार वर्ष बाद एक दिन सुरेशचन्द्र रिश्वत लेते हुए रंगे हाथ पकड़ में आ गए और नौकरी से अलग कर दिए गये, कोर्ट में मुकद्मा भी चालू हो गया। आर्थिक स्थिति कमजोर होने लगी तब कहीं राधिका और प्रेमनारायण ने उनसे फिर से अच्छे संबंध बनाए।

ईर्ष्या का कारण

प्रायः आप देखेंगे कि कुरूप स्त्रियाँ सुन्दर स्त्रियों से ईर्ष्या रखती हैं और कमजोर पुरूष अन्य ताकतवर पुरूषों से। अशिक्षित लोग शिक्षित लोगों से द्वेष रखते हैं और गरीब लोग धनवानों से दुष्ट और गलत कार्यों में संलग्न लोग ईमानदार लोगों से चिढ़ते है और बदनाम लोग प्रतिष्ठित लोगों से। परीक्षा में असफल विद्यार्थी होशियार साथियों से जलते हैं और पिछलग्गू किस्म के लोग नेतृत्व क्षमता रखने वाले लोगों से। इसी प्रकार वृद्ध, अशक्त लोग युवाओं की चंचलता पर कुढ़ते रहते हैं तथा निकम्मे लोग कार्यशील लोगों पर।

खलील जिब्रान का कथन है "गूँगे वाचालों से ईर्ष्या करते हैं। उन्हें तो जीवन भर यह ही करना है जब तक ईश्वर उनकी वाचा प्रस्फुटित नहीं करता है, उन्हें ईर्ष्या करना ही है।"

अक्सर ऐसा देखा जाता है कि ईर्ष्या की आग अपने स्वजन, अपने सगे–सम्बन्धी और मित्रजनों और सहकर्मियों में ही अधिक फैलती है। ईर्ष्यालु न स्वयं सुखी रह सकता और न दूसरों को सुखी देख सकता।

एक विचारक का कथन है– "ईर्ष्या करने वाले के लिए ईर्ष्या की बला ही काफी है क्योंकि उसके दुश्मन उसे छोड़ भी देंगे तो उसकी ईर्ष्या उसका सर्वनाश किए बिना नहीं रहेगी।

अपनी खुशियों की चाबी न थमाएँ दूसरे के हाथों

ईर्ष्यावश जिस क्षण से हम किसी से घृणा करने लगते हैं, उसी क्षण हम अपने सुख चैन, नींद और खुशियों की चाबी, दूसरों के हाथों में थमा देते है। ऐसी मनःस्थिति में न तो हमारा खाना ठीक से पच पाता और न हम ठीक से सो पाते।

ऐसे में जीवन की खुशियां चली जाती हैं और उसमें तनाव का प्रवेश हो जाता है। यदि हम थोड़ा रूककर विचार करें तो पाएंगे कि ईर्ष्या से हमें कुछ नहीं मिला। हमारे ईर्ष्या करने से किसी की प्रगति रूकने वाली नहीं है, बल्कि हम स्वयं मानसिक शांति भी खो बैठते हैं और अन्दर ही अन्दर कुढ़ते–जलते रहते है। यह हमारा ध्यान भंग करती है और हम पूरे मनोयोग से अपने लक्ष्य पर केन्द्रित नहीं हो पाते। यानी ईर्ष्या के चलते व्यक्ति दूसरों की अच्छी बातों की तारीफ करना तथा उनसे सीखना भी बंद कर देते हैं। यहाँ तक की ईर्ष्या हमारे मन को विकृत कर देती है कि हम स्वयं को दूसरों से श्रेष्ठ देखने लगते है।

हर व्यक्ति अद्वितीय बेजोड़-फिर ईर्ष्या क्यों?

आप अद्वितीय हैं, बेजोड़ है, किसी और के पास आप जैसी आवाज, आप जैसा कद, आप जैसी फिंगर प्रिन्ट या जैसा कि खोजी कुत्ते बताते हैं, आपके शरीर जैसी गंध नहीं है। इससे भी महत्त्वपूर्ण बात यह है कि किसी और के पास आप जैसा दिमाग नहीं है। आप इस धरती के पांच बिलियन लोगों से हर महत्वपूर्ण मामले में अलग हैं। आपसे पूर्व आने वाले सैकड़ों बिलियन लोगों में पहले भी कभी आपके जैसा नहीं रहा है और आपके बाद आने वाले कई ट्रिलियन लोगों में भी कोई बिलकुल आप जैसा नहीं होगा। इसलिए आप अपनी समस्त कमजोरियों और अच्छाईयों

सहित अपने आपको प्रेमपूर्वक स्वीकार कीजिये। किसी और से अपनी तुलना मत कीजिये। आप जो है वहीं बनिए। किसी और से अपनी तुलना करके तनाव में न आइए, अपने आपको हलका और घटिया महसूस मत कीजिये।

ईर्ष्या पर नियंत्रण कैसे?

ईर्ष्या मन और बुद्धि पर कब्जा कर लेती है और तब हम सही गलत में अन्तर नहीं कर पाते। ईर्ष्या हम जो नहीं है उसके दर्शन कराती है। हम भ्रम के शिकार हो जाते है और सत्य से दूर हो जाते हैं। अतः ईर्ष्या जैसे नकारात्मक भाव पर नियन्त्रण के लिए हमें मन और बुद्धि के संतुलित प्रयोग का अभ्यास करते रहना चाहिए। नियमित रूप से यह अभ्यास करते रहें कि हमारे मन में किसी तरह की ईर्ष्या की भावना तो नहीं है और इसके नकारात्मक प्रभावों से सावधान रहें। इसका एक प्रभावी उपाय है स्वाध्याय, सत्संग, आत्मानुशासन और ध्यान का अभ्यास। हमें इनका सतत अभ्यास करना चाहिए।

ईर्ष्या आपका नकारात्मक हीन भाव है जो आत्मतिरस्कार और आत्मधिक्कार की आग में आपको झुलसाता रहता है। यह आग आपकी ही जलाई हुई है और आपको इससे बाहर निकलना होगा। निकलकर देखिए मन शीतल हो जायेगा, सुकून में भर जाएगा।

मन से निकालें ईर्ष्या की गांठ

आपने गन्ना देखा है ना। उसमें जिस जगह गांठ होती है वहां रस नहीं होता और जहां रस होता है वहा गांठ नहीं होती है। बस, जीवन भी ऐसा ही है। यदि मन में व्यक्तियों के प्रति ईर्ष्या की गांठ होगी तो जीवन नीरस जायेगा और जीवन को सरस बनाए रखना हो तो ईर्ष्या की गांठ निकालना होगी।

कवि रहिम ने कहा सुन्दर बात कही है –

रहिमन धागा प्रेम का मत तोड़ो चटकाय,
तोड़े से फिर न जुड़े, जुड़े तो गांठ पड़ जाय।।

❍

9.

सकारात्मकता-नकारात्मकता विज्ञान की कसौटी पर

सकारात्मकता हमारे दिमाग को संजीवनी बूटी की तरह शक्ति प्रदान करती है। यह संजीवनी हमारे प्राणों में आत्मविश्वास का संचार कर सही अर्थ में हमें जीवित रखती है।

– प्रोफेसर सोनजा लियुबोमिस्की

हमारे मन, मस्तिष्क में सकारात्मक व नकारात्मक दोनों तरह के विचार आते हैं जिनसे हमारा जीवन प्रभावित होता है। ये विचार हमारे जीवन पर क्या और कैसा प्रभाव डालते हैं। इस संबंध में विगत वर्षों में दुनिया के कई विश्वविद्यालयों, शोध संस्थानों द्वारा शोध एवं अध्ययन किये गये हैं। इसके अतिरिक्त मनोवैज्ञानिकों ने भी अपने अनुभव एवं अध्ययन के आधार पर अपने विचार व्यक्त किए हैं।

प्रस्तुत अध्याय में देश–विदेश के कई विश्वविद्यालयों एवं शोध संस्थानों द्वारा किए गये अध्ययनों के निष्कर्ष संक्षेप में दिए जा रहे हैं।

जल्दी स्वस्थ्य होने में मददगार

मन में सकारात्मकता बनाए रखना सिर्फ हमें तन्दुरुस्त ही नहीं रखता, बल्कि बीमार होने की स्थिति में यह जल्दी ही स्वस्थ्य भी बना सकता है।

हार्वर्ड यूनिवर्सिटी द्वारा किए गए एक शोध के अनुसार जो लोग बीमारी के दौरान भी सकारात्मक विचार अपनाए रहते हैं, जो उम्मीद रखते है कि वे जल्दी स्वस्थ्य हो जाएंगे, ऐसे मरीज नकारात्मक सोच रखने वालों की तुलना में जल्दी स्वस्थ्य होते हैं।

नकारात्मक विचारों में "मैं ठीक नहीं हो सकूँगा" 'यह बीमारी लम्बी चलेगी' 'मैं बहुत कमजोर हो गया हूँ', जैसे विचार लगातार सोचते रहना शामिल है। वहीं सकारात्मक विचारों में 'मैं जल्दी ठीक हो जाऊँगा' 'मैं दिन व दिन बेहतर अनुभव कर रहा हूँ, आदि विचार शामिल हैं।

शोधकर्ता यह भी कहते है कि अगर आप बीमारी के दौरान बेहतर कल के बारे में सोचते हैं, यह सोचते हैं कि स्वस्थ्य होने पर आप क्या–क्या और अच्छा काम कर सकते हैं, तो भी इससे आपको अपनी बीमारी ठीक करने में कम समय लगेगा। विशेषज्ञ यह सलाह देते हैं कि बीमारी के दौरान अपनी बीमारी के बारे में ज्यादा नकारात्मक चीजे भी पढ़ना और देखने से बचना चाहिए।

विभिन्न शोध यह भी बताते है कि सकारात्मक सोच गंभीर से गंभीर रोगों को सामान्य स्थिति की तुलना में जल्दी ठीक करने में प्रभावी सिद्ध हुए हैं। अमेरिका में ब्रेस्ट कैंसर से पीड़ित 3000 महिलाओं पर किए गए एक शोध में पाया गया कि जिन महिलाओं ने अपनी बीमारी को लेकर सकारात्मक विचार रखे, वे नकारात्मक विचार वाली महिलाओं से जल्दी ठीक हुई। अध्ययन के अनुसार सकारात्मक सोच के कारण वे समाज से कटी नहीं और अपनी सामान्य गतिविधियों तथा लोगों से मिलना–जुलना जारी रखा। इससे उन्हें अपनी बीमारी से जल्द ठीक होने में मदद मिली।

एक अन्य शोध के अनुसार जिन महिलाओं में निराशावाद ज्यादा होता है उनकी आर्टरीज (Arteria) मोटे होने की ज्यादा आशंका रहती है। जबकि सकारात्मक महिलाओं में ऐसा कम होता है।

लम्बी उम्र का राज

कई शोधों से अब यह सिद्ध हो चुका है कि सकारात्मकता हमारी उम्र बढ़ा सकती है। जानें – शोध, सकारात्मकता और लम्बी उम्र के संबंध में क्या कहते हैं।

1. मिशिगन स्टेट यूनिवर्सिटी के मनोविज्ञान विभाग द्वारा वर्ष 2018 में किया गया एक अध्ययन बताता है कि जो लोग अपनी बढ़ती उम्र के प्रति सकारात्मक सोच रखते हैं और उम्र बढ़ने को लेकर दुःखी नहीं होते, उनके ज्यादा लम्बा जीवन जीने की संभावना रहती है। ऐसा तब होता है जब आप उम्र बढ़ने को जीवन खत्म होने की

नकारात्मक बदलाव होने से नहीं जोड़ते हैं, बल्कि जीवन को भरपूर जीने और खुश रहने की सोच के साथ जीते हैं, तो आपके ज्यादा जीने की संभावना में वृद्धि होती है।

2. अमेरिका के नेशनल एकेडमी ऑफ साइंसेस में प्रकाशित एक अध्ययन के अनुसार सकारात्मक सोच से किसी व्यक्ति की आयु 11 प्रतिशत से 15 प्रतिशत बढ़ सकती है। साथ ही ऐसी सोच रखने वाले व्यक्तियों की आयु 85 वर्ष या उससे अधिक रहने की संभावना भी ज्यादा होती है।

3. विशेषज्ञों का मानना है कि यदि आप सकारात्मक सोच से लम्बा जीवन जीना चाहते हैं तो अपनी कम उम्र से ही इस दिशा में काम करना चाहिए। वे कहते है कि इसके लिए ऐसे लोगों को पहचानें जिनका योगदान आपके जीवन में महत्वपूर्ण है। उनसे जुड़े रहें और समय–समय पर उनका आभार व्यक्त करना न भूलें।

दिमागी क्षमता में वृद्धि

पूर्व में यह माना जाता था कि एक उम्र के बाद दिमाग का विकास रूक जाता है, सीखने की क्षमता कम हो जाती है। लेकिन वैज्ञानिकों के अध्ययन में सामने आया कि न्यूरोप्लास्टिसिटी (Neuroplasticity) दिमाग में बदलाव लाती है। कई अन्य अभ्यासों के साथ सकारात्मक सोच न्यूरोप्लास्टिसिटी में भी प्रभावी होती है, सकारात्मक सोच दिमाग की क्षमता को बेहतर बनाती है।

दिमाग में आने वाले हर विचार के साथ हॉर्मोन्स जुड़ा होता है। जब सकारात्मक विचार आते है, मन खुशी, उमंग और आशा से भर जाता है, तो कार्टिसोल कम होता है और दिमाग खुशी वाला हार्मोन्स सेरेटीविन पैदा करता है। जब सेरेटीमीन का स्तर ठीक रहता है तो व्यक्ति शांत ज्यादा एकाग्र और स्थिर अनुभव करता है। डोपेमाइन रसायन भी एक न्यूरोट्रांस मीटर है, जो दिमाग के रिवार्ड सिस्टम और आनन्द देने वाली चीजों को नियन्त्रित करता है।

'द हिडन ड्राइवर ऑफ एक्सीलेंस' के लेखक डेनियल गोल मैन कहते हैं कि सकारात्मक विचारों के साथ दिमाग में स्थित प्री–फ्रटल कॉटेक्स में हलचल शुरू हो जाती है। इससे मस्तिष्क की

कार्यप्रणाली, में रचनात्मक चिंतन बढ़ता है एवं दिमाग तेजी से काम करने लगता है।

ब्रेन इमेजिंग अध्ययन में सामने आया है कि नकारात्मक विचार दिमाग के महत्वपूर्ण हिस्से सेरेबेलम में गतिविधियाँ कम कर देते हैं, यही हिस्सा शरीर के साथ तालमेल बैठाने संतुलन और मोटर स्किल के लिए जिम्मेदार होता है। गोल मैन मानते हैं कि कई अध्ययनों में पाया गया है कि सकारात्मक विचारों की खुराक से दिमाग की टी–वायर यानी इसकी कार्यप्रणाली को बेहतर कर रचनात्मकता बढ़ाई जा सकती है।

वृद्धावस्था में अच्छी कार्यक्षमता एवं तंदुरुस्ती

सकारात्मकता तंदुरूस्ती और दीर्घ आयु के लिए तो अच्छी है ही, शोध बताते है कि यह बढ़ती उम्र के साथ शारीरिक मजबूती के लिए भी लाभदायक है। यानी सकारात्मक सोच रखने वालों का शरीर नकारात्मक सोच वालों की तुलना में ज्यादा मजबूत होता है।

ऑक्सफोर्ड यूनिवर्सिटी के शोधकर्ताओं के 1558 उम्रदराज लोगों के अध्ययन में पाया कि सकारात्मकता बुढ़ापे में भी क्रेलिटी यानी शारीरिक कमजोरी कम करती है, इससे वृद्धों में शारीरिक अक्षमता और गिरने की आशंका कम हो जाती है। शोध यह भी कहते है कि सकारात्मक सोच वालों का दिमाग वृद्धावस्था में भी तीव्रता से चलता है और उनके मनोरोगी होने की आशंका बहुत कम होती है। एक अन्य शोध बताता है कि वृद्धों को वृद्धावस्था से सम्बन्धित स्टीरियोटाइप से न जोड़ा जाए, तो वे ज्यादा सक्रिय और उत्साही रहते हैं। यानी किसी बुजुर्ग से यह कहना कि वे अब बूढ़े हो गए है और अब उनकी ज्यादा काम करने की उम्र नहीं है, तो इस नकारात्मकता का असर उनकी तंदुरूस्ती पर पड़ता है।

हार्वर्ड यूनिवर्सिटी के एक अध्ययन के अनुसार नकारात्मक सोच रखने वालों की तुलना में सकारात्मक सोच रखने वालों में गंभीर रोग की आशंका कम होती है। इसमें संक्रमण से लेकर हृदय रोग, स्ट्रोक, श्वास संबंधी बीमारियाँ और कैंसर जैसी बीमारियाँ शामिल हैं, जिनमें जान जाने का खतरा ज्यादा रहता है।

अमेरिकन जर्नल ऑफ एपिडेमियालॉजी में प्रकाशित एक अध्ययन का नतीजा यह बताता है कि जहाँ बीमारियों का जोखिम कम करने के

लिए जन स्वास्थ्य और मेडिकल संबंधी कई प्रयास किए जाते हैं, वहीं यह भी बताते है कि सकारात्मक सोच रखने के लिए प्रेरित करने से भी काफी लाभ हो सकता है।

मन की शान्ति एवं सेहत

मुझे लगता है कि अगर आप अपने मन की स्थिति को सकारात्मक रखेंगे तो यह मौजूदा समय में आपके मन की शक्ति और सेहत दोनों के लिए अच्छा होगा। भगवद्गीता और वेदों में संपूर्णता प्राप्त करने के बारे में बात कही गई है। इस सम्पूर्णता का अर्थ है अपनी चेतना का विस्तार। यह चेतना का विस्तार ही हमें प्रेरित करता है। हमने देखा है कि कई बार बहुत कमजोर व्यक्ति भी कुछ असाधारण कर जाता है। वे ऐसा इसलिए कर पाते हैं क्योंकि उन्होंने वह करने का दृढ़ फैसला लिया है। उनका दिमाग काम करता है। यह फैसला उनके ऐसे नकारात्मक विचारों पर हावी हो जाता है जो कहता कि तुम ऐसा नहीं कर सकते।

सफल वैवाहिक जीवन का आधार

सकारात्मक व्यक्तियों का वैवाहिक जीवन ज्यादा सुखी और सफल होता है। प्रसिद्ध मनोवैज्ञानिक जॉन गॉटमेन ने दंपतियों के बीच 15 मिनट की बातचीत को विडियो टेप में रिकार्ड किया। उस दौरान दंपत्ति के बीच सकारात्मक और नकारात्मक तर्क के आकार पर गॉटमेन ने अनुमान लगाया कि भविष्य में कौन से दंपति साथ में रहेंगे और कौन नहीं। 10 वर्ष बाद उनका अनुमान 94 फीसदी सही सिद्ध हुआ। सकारात्मक बातचीज करने वाले दंपतियों का जीवन सुकून से व्यतीत हो रहा था।

नेशनल सेन्टर फॉर बायोटेक्नोलॉजी इंफार्मेशन (NCBI) मे प्रकाशित अध्ययन के अनुसार सकारात्मक और सहयोगात्मक रिश्ते वाले लोगों में ऑक्सीटोसिन नाम का हॉर्मोन अपेक्षाकृत ज्यादा स्त्रावित होता है। यह हार्मोन प्रेम और सामाजिक बंधनों के लिए जिम्मेदार होता है। खुशहाल दम्पत्तियों पर तनाव, चिंता और अवसाद हावी नहीं हो पाते।

नकारात्मक खबरें सुनने, देखने से दिमाग पर कुप्रभाव

दुनियाभर के शोध कहते हैं कि लगातार नकारात्मक समाचार सुनने,

देखने से मस्तिष्क पर बुरा प्रभाव पड़ता है। जबकि सकारात्मक समाचारों, लेखों, जानकारियों से आप खुशी अनुभव करते है और संतुष्ट रहते हैं। इससे निगेटिक हॉर्मोन कार्टिसोल का लेवल गिरने लगता है।

यूनिवर्सिटी ऑफ कैलिफोर्निया में शोधकर्ताओं ने पांच हजार लोगों के मानसिक स्वास्थ्य के डेटा का अध्ययन किया। इसमें 2013 बोस्टन मैराथन के हादसे के गवाह सम्मिलित थे। उन्होंने पाया कि उस अप्रिय घटना के समय उपस्थित लोगों के दिमाग पर हादसे का बुरा असर पड़ा। यह स्वाभाविक था, लेकिन आश्चर्य की बात यह थी कि उस हमले का टीवी पर एक सप्ताह लगातार कवरेज देखने वालों पर भी इसका विपरीत प्रभाव पड़ा। कई लोगों पर इसका प्रभाव महीनों तक रहा।

अध्ययन में यह भी सामने आया कि दिमाग नकारात्मक चीजों पर ज्यादा ध्यान देता है। इसे निगेटिविटी बायल कहते हैं। शोधकर्ताओं ने पाया कि सकारात्मक खबरे पढ़ने, देखने पर मानसिक स्वास्थ्य पर अच्छा असर पड़ता है।

सकारात्मकता : कई बीमारियों की एक दवा

संसार की आधी आबादी इसलिए बीमार है कि उनकी अस्वस्थ मानसिक अवस्था का उनकी भावनात्मक व शारीरिक संरचना पर विपरीत असर पड़ रहा है, इस बात की पुष्टि विभिन्न शोध–सर्वेक्षण के द्वारा की जा चुकी है। चिकित्सकों की सेवाओं के अलावा स्वस्थ रहने का एक और फॉर्मूला है, सकारात्मकता। यूनिवर्सिटी ऑफ कॉलोरेडो मेडीकल स्कूल के डॉ. फ्रैंकलिन एबॉग के अनुसार सामान्य अस्पतालों के एक–तिहाई मामलों के पीछे शरीर संबंधी कारण होते है, जबकि एक तिहाई भावनात्मक और शरीर के मिले–जुले और शेष एक–तिहाई विशुद्ध रूप से भावनात्मक होते हैं।

जब आपको गुस्सा आता है तो उदर संबंधी बीमारी (Stomach Sickness) हो जाती है। भावनाओं के विस्फोटों के बाद शरीर में रासायनिक प्रतिक्रियाएँ शुरू हो जाती हैं। जिससे की बीमारी की भावनाएँ उत्पन्न होती हैं। अगर ये कुछ समय तक लगातार चलती रहें तो शरीर की सामान्य स्थिति में निश्चित रूप से गिरावट आएगी।

जॉन हॉपकिन्स मेडिसिन्स के अनुसार परिवार में किसी बीमारी जैसे हृदय रोग आदि की हिस्ट्री होने के बावजूद सकारात्मकता के साथ इन रोगों का खतरा 13 प्रतिशत तक कम हो जाता है।

नकारात्मकता विकास में बाधक-सकारात्मकता साधक

जब बिना खिले फूल पर सूरज की रोशनी पड़ती है, तो उसकी गरमाहट से पंखुडी खिलकर फूल बन जाती है। सकारात्मकता इसी रोशनी की तरह है और इससे ही हमारे दिमाग के विचार खुलते हैं।

कुछ फूल कभी–कभी खिलते हैं। वहीं लिली का फूल रोज ही खिल उठता है, पौधों को धूप की जरूरत होती है, वे इस बात को जानते हैं इसलिए धूप की दिशा में मुडने का प्रयास करते हैं। वैज्ञानिक इसे हैलियोट्राजिक इफेक्ट कहते है। इसी तरह का इफेक्ट हम इंसानों में भी पाया जाता है। एम.आई.टी. यूनिवर्सिटी की बारबरा फ्रेड्रिक्सन ने अपनी पुस्तक 'पॉजिटिविटी' में लिखा है कि हम ये सहज रूप से जानते हैं कि सकारात्मकता हर व्यक्ति के विकास के लिए जरूरी है इसलिए सकारात्मक रहने की हर संभव कोशिश करते है।

जापान की कार्प (Carp Fish) नामक प्रजाति की मछली को यदि छोटे कटोरे में रखा जाता है तो उसका विकास दो से तीन इंच तक ही होता है। बड़े बर्तन, टंकी में रखने पर 10 इंच तक विकास होता है। बड़े तालाब–जलाशय में रखने की स्थिति में यह मछली तीन फीट तक के आकार की हो जाती है। हम मनुष्य के मामले में भी ऐसा ही है। हमारी दुनिया कैसी और कितनी है, उसी पर हमारे विकास का दायरा निर्भर होता है। संकुचित निराशावादी विचार हमारे विकास में अवरोधक हैं। सशक्त–सकारात्मक विचार हमारी सुख, समृद्धि और विकास को बलवती बनाते हैं।

नेतृत्व के गुण

यूनिवर्सिटी ऑफ सेन्ट्रल फ्लोरिडा की शोधकर्ता डोना जोफेस 25 अध्ययनों का विश्लेषण करने के पश्चात् इस निष्कर्ष पर पहुँची कि, सकारात्मक और खुशनुमा व्यक्ति अच्छे लीडर साबित होते हैं। ऐसे लोगों का निजी और सार्वजनिक जीवन भी बेहतर होता है। अध्ययन से सामने

आया कि नकारात्मकता से नेतृत्वकारी गुणों में छह प्रतिशत गिरावट आती है। सकारात्मक सोच वाले बदलाव से नहीं डरते और अपने आपको लीडर के तौर पर स्थापित कर लेते हैं।

'योर दोस्त' नामक ऑनलाइन काउंसलिग और इमोशनल वैलेनेस पोर्टल के अध्ययन के अनुसार नकारात्मक विचार तनाव का एक बड़ा कारण है। लगभग 50 प्रतिशत प्रकरणों में तनावग्रस्त लोग चिड़चिड़ें पाए गए। उन्हें लगातार नकारात्मक विचार आते रहते हैं। तनाव के शिकार लोगों की भोजन संबंधी और सोने की आदत भी अनियमित होती है।

नकारात्मकता पर सकारात्मक सोच की जाली

यू.एस. नेशनल साईंस फाउण्डेशन ने विचारों पर एक शोध किया और यह पाया कि हमारे दिमाग में साधारणतया एक दिन में लगभग 50 हजार विचार आते हैं। आश्चर्यजनक बात यह है कि इनमें 70 से 80 प्रतिशत विचार नकारात्मक होते हैं। अब प्रश्न यह उपस्थित होता है कि नकारात्मक विचारों को सकारात्मक कैसे बनाएं? जिस प्रकार घर का दरवाजा खोलते ही बाहर की धूल, हवा आदि घर में स्वतः ही प्रवेश करने लगती है, लेकिन यदि घर के दरवाजे पर ही जाली लगी तो तब उसके प्रवेश की संभावना कम हो जाती है, ठीक इसी तरह मन की खिड़की खोलने से पहले उसके ऊपर सकारात्मक सोच की जाली लगा देनी चाहिए, ताकि नकारात्मक विचार यों ही हमारे मन में प्रवेश न कर सकें।

जीवन में संतुलन व लचीलापन

मनोचिकित्सकों का कहना है कि सकारात्मक सोच रखने वालों को नकारात्मक सोच रखने वालों की तुलना में अधिक सफलता मिलती है। विद्वान विचारक कहते हैं कि एक निराशावादी व्यक्ति को हर अवसर में कठिनाई दिखती है, तो वहां एक आशावादी व्यक्ति को हर कठिनाई में अवसर दिखता है। सकारात्मक सोच व्यक्ति के तन व मन, दोनों को स्वस्थ रखने में अहम भूमिका निभाती है। ऐसी सोच रखने से न केवल अपने जीवन को संतुलित रखने में मदद मिलती है, बल्कि इसके कारण व्यक्ति के जीवन में लचीलापन आता है, वह जीवन में बदलाव के लिए

भी मानसिक रूप से तैयार रहता है और पुराने ढर्रे की जिन्दगी से हटकर अपने जीवन में कुछ नया करता है, जो उसे संतोष व सकून देता है।

निष्कर्ष

स्पष्ट है कि विचारों में प्रचण्ड शक्ति होती हैं। नकारात्मक विचार व्यक्ति को निराशा की खाई में धकेल सकते हैं, तो सकारात्मक विचार व्यक्ति को सफलता की ऊँचाई तक पहुँचा सकते हैं। कमजोर विचार व्यक्ति को मानसिक रूप से कमजोर बना देते हैं। वही शक्तिशाली विचार व्यक्ति को सृजनशीलता की ऊर्जा से भर देते हैं। विपरीत परिस्थिति होने पर भी व्यक्ति यदि सकारात्मक विचारों की शक्ति से समृद्ध है तो वह सुकून से रह सकता है। इसके विपरीत सभी सुख–सुविधाएँ होते हुए भी नकारात्मक विचारों का चंगुल हो तो व्यक्ति अशांत, दुःखी ही रहता है, इसलिए यह जरूरी कि हमेशा सकारात्मक विचारों को ग्रहण करें और नकारात्मक विचारों को त्याग दें क्योंकि हमारे विकास का आधार हमारे विचार ही होते हैं।

इसीलिए शुभ और सकारात्मक विचारों को मन का अतिथि मानकर उनका स्वागत करो, सत्कार करो, परन्तु अशुभ, निराशावादी, भय प्रधान विचारों को गली का भिखारी या कुत्ता समझकर उसे घर में प्रवेश मत करने दो। वहीं से ललकार कर भगा दो। विचारों को सकारात्मक पवित्र व सशक्त रखने का यही कारगर उपाय है।

10.

सकारात्मकता की ओर प्रेरित करने वाले प्रसंग

अपने मस्तिष्क में केवल सकारात्मक विचारों को ही जन्म लेने दीजिये, उन्हें पनपने दीजिये। सकारात्मक विचार ही हैं जो आपके अन्दर उत्साह का संचार करते हैं और आपकी कार्यकुशलता को अनुपम बनाते है।

–नेल्सन मंडेला, दक्षिण अफ्रीका के पूर्व राष्ट्रपति

जीवन को सहज सुकून देने के लिए जिस बात की आवश्यकता है, वह है हमारी सोच, विचारों का सकारात्मक होना, संतुलित होना, समग्र होना। नकारात्मकता को हर स्थिति में नकारा जाना चाहिए और सकारात्मकता को हर हाल में स्वीकारा जाना चाहिए। 'निगेटिविटी' हर हाल में दुःखदायी होती है, मनोबल को कमजोर करती है, उत्साह और उमंग को ठण्डा करती है। हम निराशा के बजाय आशा का संचार करें, घुटन के बजाय उत्साह और उमंग को अंतरमन में स्थापित करें। सोच के प्रति सम्यक जागरूक न रह पाने के कारण ही हम बहुधा अंतर्द्वंद्व से घिर जाया करते हैं, तनाव के तिलिस्म में उलझ जाया करते हैं, क्रोध और अहंकार के विनाशकारी बीजों को बो बैठते हैं।

यदि कोई व्यक्ति अपनी सोच और दृष्टि को उदात्त और सौम्य बनाने में सफल हो जाता है, तो इससे बढ़कर जीवन की ओर कोई सफलता नहीं हो सकती। अगर आप बदल सकते हैं तो अपनी सोच बदलें, नकारात्मकता से सकारात्मकता की ओर बढ़े। ऐसे लोगों के सम्पर्क में आए, जिन्होंने समस्याओं से संघर्ष कर बुलंदियों को छुआ है। अपनी उस

दृष्टि को बदल डालें, जो औरों की कमियाँ ढूंढा करती है।

Positive thinkers have a solution for every problem. Negative thinkers have problem for every solution.

सकारात्मकता को छोटे–छोटे उदाहरणों या प्रसंगों के माध्यम से भली–भांति समझा जा सकता है। उदाहरणों का लाभ यह भी है कि नीरस विषय में भी सरसता उत्पन्न हो जाती है। इसलिए इस अध्याय में सकारात्मक सोच या दृष्टिकोण को प्रसंगों के माध्यम से समझाया गया है।

सकारात्मक नजरिया ने राक्षस का किया काम तमाम- डेविड और गोलियथ की कहानी

डेविड और गोलियथ की कहानी से तो हम सभी परिचित हैं। एक गाँव में एक राक्षस था, जो वहाँ के बच्चों को हमेशा डराता–धमकाता रहता था। एक दिन 17 वर्ष का एक चरवाहा (Shephered boy) अपने भाईयों से मिलने गाँव आया। तब उसे राक्षस का पता चला। वह अपने भाईयों से बोला–तुम उस राक्षस से लड़ते क्यों नहीं हो? डरे हुए भाईयों ने उससे कहा– वह इतना बड़ा है कि उसे मारा नहीं जा सकता। डेविड ने कहा– नहीं, ऐसी बात नहीं है कि वह इतना बड़ा है कि उसे मार नहीं सकते, बल्कि वह इतना बड़ा है कि दूर से भी निशाना बनाकर मारा जाए तो निशाना चूक नहीं सकता। जैसा कि डेविड ने कहा था उसने गुलेल द्वारा निशाना बना कर उसका काम–तमाम कर दिया। राक्षस वही था लेकिन उसके बारे में डेविड का नजरिया अलग था।

डेविड और गोलियथ की कहानी हमें सकारात्मक और नकारात्मक दृष्टिकोणों का अन्तर बताती है। डेविड के भाईयों का नजरिया नकारात्मक था कि राक्षस इतना बड़ा है कि उसे मारा नहीं जा सकता। जबकि डेविड का नजरिया सकारात्मक था कि राक्षस इतना बड़ा है कि उसे मारा जाए तो निशाना चूक नहीं सकता। इसी सकारात्मक नजरिए के बल पर उसने गुलेल से उसे मार डाला।

माँ की सकारात्मक सोच, थामस अल्वा बने महान वैज्ञानिक

महान वैज्ञानिक थॉमस अल्वा एडीसन जब प्राइमरी स्कूल में पढ़ते थे उन्हीं दिनों उनकी टीचर ने उन्हें एक बंद लिफाफे में एक चिट्ठी

दी और कहा कि इसे ले जाकर अपनी माँ नैन्सी को दे देना। थॉमस ने ऐसा ही किया। उस चिट्ठी को पढ़ते–पढ़ते माँ की आँखों से आंसू बहने लगे तो थॉमस ने पूछा कि माँ, इसमें ऐसा क्या लिखा है कि आप रो पड़ी? तो थॉमस को माँ ने कहा कि ये खुशी के आंसू हैं, इसमें लिखा है कि आपका बेटा बहुत होशियार है। हमारे स्कूल के शिक्षकों का स्तर इतना अच्छा नहीं है कि वे आपके बेटे को पढ़ा सकें। इसलिए इसे आप स्कूल से निकलवाकर स्वयं ही पढ़ाएं। यह सुनकर बालक थॉमस इतने खुश हुए कि दुगने उत्साह से घर में माँ से ही पढ़ने और सीखने लगे जो स्वयं भी एक शिक्षिका थी।

कई साल बीत गये घर पर तैयार हुई बुनियाद पर थॉमस अल्वा आगे बढ़ते–बढ़ते एक स्थापित वैज्ञानिक बन चुके थे। इस बीच उनकी माँ भी उन्हें छोड़कर दुनियां से जा चुकी थी। एक दिन घर में कुछ पुरानी चीजें ढूंढ़ते हुए उन्हें अलमारी से वही पत्र मिला जो सालों पहले स्कूल से उनकी माँ के लिये दिया गया था। वे पढ़ने लगे पत्र में लिखा था "अल्वा बच्चा मंदबुद्धि है, बौद्धिक तौर पर इतना कमजोर है कि हम उसे अन्य बच्चों के साथ नहीं पढ़ा सकते। इसलिए उसे अब स्कूल न भेजे।" इस बात का उल्लेख थॉमस की अलग–अलग जीवनियों में अलग–अलग तौर पर किया गया है। अगर उनकी माँ उस समय निराश हो जाती तो थॉमस आगे नहीं बढ़ पाते। लेकिन थॉमस की माँ ने नकारात्मकता को सकारात्मकता में बदलकर थॉमस को प्रोत्साहित किया और इसी प्रेरणा से वे ऊँचाईयों को छू सके और महान वैज्ञानिक बन सके।

खुलकर जिएँ, दिल खोलकर जिएँ - एक सकारात्मक सोच

किसी ने क्या खूब कहा है –

उम्र को
दराज में रख दें
उम्रदराज न बनें।
खो जाएं जिन्दगी में, मौत का इन्तजार न करें।
जिनको आना है आए,
जिसको जाना है जाए,

पर हमें जीना है, ये न भूल जाएं।
जिनसे मिलता है प्यार, उनसे ही मिलें बार–बार,
कभी बचपन को जिएँ,
तो कभी जवानी को,
पर न छोड़े बुढ़ापे में भी,
सपने संजोने को।
महफिलों का शौक रखें,
दोस्तों से प्यार करें,
जो रिश्ते हमें समझ सकें, उन रिश्तों की कद्र करें।
बंधे नहीं किसी से भी, ना किसी को बंधने पर मजबूर करें।
दिल से जोड़ें, हर रिश्ते जोड़ें, उन रिश्तों से दिल से जुड़ें,
ध्यान रखें कि जिन्दगी चार दिन की है, तो फिर शिकवे शिकायतें कम ही करें...
उम्र को
दराज में रख दें...
उम्रदराज न बनें...
खुलकर जिएँ... दिल खोलकर जिएँ...
ये जिन्दगी फिर ना मिलेगी दोबारा।

ईश्वर प्रदत्त अंगों का सकारात्मक भाव से करें उपयोग- महात्मा बुद्ध

एक बार एक गरीब व्यक्ति ने महात्मा बुद्ध को प्रणाम किया और पूछा–महात्मन्, मैं ही गरीब क्यों हूँ?

बुद्ध मुस्कुराएँ और बोले– "तुमने किसी को कुछ दिया ही नहीं, इसलिए तुम गरीब हो।" वह आश्चर्य से महात्मा बुद्ध का मुँह ताकने लगा और बोला– भगवन्! मेरे पास देने के लिए कुछ है ही नहीं, बड़ी मुश्किल से अपना गुजर–बसर कर पाता हूँ तब फिर मैं किसी को कुछ कैसे दे सकता हूँ?

महात्मा बुद्ध ने बहुत ही शान्त भाव से कहा– तुम्हारे पास एक चेहरा है जिससे तुम किसी को मुस्कुराहट देकर खुश कर सकते हो। तुम्हारे पास दो हाथ है, जिनसे तुम किसी की मदद कर सकते हो। तुम्हारे

पास दो पैर हैं जिससे चलकर तुम अच्छा काम करने वाले व्यक्ति का साथ दे सकते हो। तुम्हारे मुँह में जीभ है जिससे तुम नेक व्यक्ति को प्रशंसा भरे शब्द दे सकते हो। जिस व्यक्ति के पास ये चार वस्तुएँ हो, वह गरीब कैसे हो सकता है।

गरीबी का भाव मन में होता है, यदि मन से गरीबी का भाव निकाल दिया जाये तो मनुष्य प्रसन्न चित्त रहकर पुरूषार्थ करेगा। पुरूषार्थ करने से आर्थिक सम्पन्नता आयेगी और गरीबी मिट जाएगी। अतः मन से गरीबी के भाव (भ्रम) निकाल दो और ईश्वर प्रदत्त अंगों का सकारात्मक उपयोग करो, गरीबी अपने आप दूर हो जायेगी।

सकारात्मक सोच की प्रेरणा से पायी नई जिन्दगी - एक सत्य घटना

दिनेश पालीवाल काफी मिलनसार युवक है, लगभग पाँच वर्ष पहले की बात है। दिनेश को देखा तो उनके चेहरे से मायूसी झलक रही थी। अत्यन्त परेशान, हाथ में एक्सरे फिल्म और कुछ दवाएं लिए धीमे–धीमे कदम उठाते हुए वे फुटपाथ पर चले जा रहे थे। उनके सामने जाकर उनसे नमस्कार किया तो उनके हाथों में भी हल्की सी हरकत हुई और बोले – 'आप'!

हाँ भाई, क्या बात है क्या बीमार हो? तुम्हारी ये क्या हालत हो गई है? क्या बताऊँ भाई साहब? इतना कहकर दिनेश की आँखों से आंसू निकल पड़े, डॉक्टरों ने मुझे बताया है कि मुझे कैंसर हो गया है और उनके मुताबिक इस लाइलाज रोग के इलाज में पैसा व्यर्थ ही खोना है।

दिनेश जितना इस संबंध में सोचता उसके सामने अंतिम विदाई का दृश्य ही साकार हो जाता, नकारात्मक विचारजन्य यह दृश्य उसकी रोग प्रतिरोधक क्षमता का ह्रास ही करता।

जब दिनेश को इस बात से परिचित कराया गया कि मौत के संबंध में केवल ईश्वर ही जानता है कि व्यक्ति की मृत्यु कब होगी, इस संबंध में डॉक्टर कोई भविष्यवाणी नहीं कर सकते। ईश्वर की इच्छा में किसी का हस्तक्षेप संभव नहीं और तुम्हें उसकी इच्छा का पालन करना ही होगा।

तुम, हमेशा मरने की क्यों सोचते हो? अपने परिवार को देखो और अपनी जिम्मेदारियों को वहन करने के बारे में सोचो, मरने की नहीं, जीने

की सोचो और जितने दिन भी जिन्दा रहो, घुट–घुट कर मरने का यत्न छोड़ जिन्दा दिली से जीओ।

दिनेश तुम्हें जीना है। तुम्हें अपने परिवार के उत्तरदायित्व से मुँह नहीं मोड़ना और इसका बस एक ही उपाय है तुम्हारा जीवन।

इतना सुनते ही दिनेश ने मेरे दोनों हाथ पकड़ लिए और बोला– डॉ. माहेश्वरी मैं जिऊँगा, मैं अपनी समस्या का समाधान स्वयं करूंगा, मैं अवश्य जिऊंगा और अब उसने अपने मस्तिष्क को सकारात्मक विचारों से पोषित करना शुरू कर दिया। परामर्शनुसार 1–2 किलोमीटर की मॉर्निंग वाक भी प्रारंभ कर दी और अपने ऑफिस में प्रसन्नचित्ता से कार्य करने लगा। अपनी बीमारी से लड़ने योग्य शक्ति का संचय के लिए पोषक तत्वों का सेवन भी बढ़ा दिया। दिनेश ने अपने आगुन्तक कक्ष में, शयनकक्ष में सकारात्मक विचारों की प्रदर्शनी–सी लगा दी तथा अपने मस्तिष्क को निरन्तर इस तथ्य से अवगत करा दिया कि उसे जिन्दा रहना है, वह जिन्दा रहेगा और बीमारी पर अवश्य विजय प्राप्त करेगा।

दिनेश की अपनी सजाए मौत लगभग पांच वर्ष से तो स्थगित है और उम्मीद है कि आगे भी स्थगित ही रहेगी। डॉक्टरों के अनुसार उन्हें लगभग चार वर्ष पूर्व इस दुनिया से प्रस्थान कर जाना था। अपनी नकारात्मक से परिवर्तित सकारात्मकता से आज वे कुशलतापूर्वक हैं।

आपका मस्तिष्क ऐसी ही अनुपम शक्ति का उपहार प्रदान करने के लिए हमेशा तैयार रहता है और हर एक जीवन में चमत्कार का प्रदर्शन कर सकता है बशर्तें आप इस मस्तिष्क के बंद द्वार को सकारात्मक अभिवृत्ति से खोलकर आनन्दित करते रहें।

गुब्बारा बेचने वाले से मिली सकारात्मक प्रेरणा - नेल्सन मडेला बने राष्ट्रपति

जब साउथ अफ्रीका पर अंग्रेजों का शासन था, उस समय की घटना है। चूंकि अंग्रेजों यानी गोरे लोगों का शासन था इसलिए स्थानीय लोगों की ऐसी सोच बन गई थी कि गोरे लोग ही श्रेष्ठ और बुद्धिमान होते हैं। वहाँ के एक स्थान पर मेला लगा हुआ था। एक आदमी मेले में गुब्बारे बेचकर अपनी गुजर–बसर करता था। उसके पास अलग–अलग रंग के

गुब्बारे थे, कोई हरा, कोई पीला, कोई नीला, कोई लाल, कोई सफेद। जब कभी उसकी बिक्री कम हो जाती, तब वह हीलियम गैस भरा एक गुब्बारा हवा में छोड़ देता था। बच्चे उसे हवा में उड़ता देखकर वैसा ही गुब्बारा पाने के लिए मचल उठते थे। बच्चे उससे गुब्बारा खरीदते और इस प्रकार उसकी बिक्री फिर से बढ़ जाती। दिन भर सुबह से शाम तक यही सिलसिला चलता रहता था।

एक रोज वह आदमी बाजार में खड़ा गुब्बारे बेच रहा था। अचानक उसे लगा कि पीछे से कोई उसका कुर्ता खींच रहा है। जब उसने पीछे देखा तो 10 वर्ष के काले रंग, हब्सी जैसा चेहरा, घुंघराले बाल वाले बालक को खड़ा पाया। उस बालक ने गुब्बारे बेचने वाले से पूछा– अगर आप काले रंग का गुब्बारा छोड़ेंगे तो क्या वह भी उड़ेगा? बच्चे की बात उसके दिल में लगी और उसने बड़े प्यार से उत्तर दिया– बेटे गुब्बारा रंग की वजह से नहीं उड़ता बल्कि उसके अन्दर क्या है, इस कारण वह ऊपर उड़ता है। जो भी गुब्बारा आसमान की ऊँचाईयों तक पहुँच सकता है, वह गैस की ताकत के कारण ही ऊपर पहुँचता है। उस बच्चे ने पूछा कि इसका मतलब तो हुआ कि अगर मैं काले रंग का हूँ तो भी आसमान की ऊँचाईयों को छू सकता हूँ, गुब्बारे वाले ने कहा क्यों नहीं।

यही बात हमारी जिन्दगी पर भी लागू होती है। कीमती वह चीज है, जो हमारे अन्दर है और वह चीज जो हमें ऊपर की ओर ले जाती है, वह है हमारा नजरिया या दृष्टिकोण।

मैं, जिस व्यक्ति की कहानी सुना रहा हूँ वह ऐसे व्यक्ति की है जो बचपन में मेले में पहुँचा था और उसने जीवन के एहसासों को समझ लिया था और अपने जीवन में संघर्ष पर संघर्ष करते–करते, आगे बढ़ते–बढ़ते वही लड़का दक्षिण अफ्रीका का राष्ट्रपति नेल्सन मंडेला बन गया।

❍

11.

प्रकृति से दोस्ती कर पाएं सकारात्मक ऊर्जा का उपहार

प्राकृति, हमें धरती पर जीवन जीने के लिए ईश्वर के बहुमूल्य और कीमती उपहार के रूप में मिली है। प्रकृति का साथ दिमाग, शरीर और आत्मा को ऊर्जावान बनाए रखने का स्त्रोत है। नैराश्य तनाव और अवसाद भरी जीवन शैली में आज सकारात्मक ऊर्जा की जरूरत हर उम्र, हर वर्ग के लोगों को है।

- रविन्द्र नाथ टैगोर

प्रकृति की गोद में जीवन की सारी प्रसन्नता समाई हुई है। अलग–अलग मौसम के साथ प्रकृति ने चारों तरफ रंग–बिरंगी छटा बिखेरी हुई है। ऐसा कौन–सा व्यक्ति होगा जिसका मन हरियाली देखकर प्रसन्न न होता हो। यही प्राकृतिक वातावरण मनुष्य को सकारात्मकता देता है।

ये पेड़–पौधे, नदी, झरने, सुमन, पत्ते, लता, उषा, संध्या, पहाड़, समुद्र सब कुछ संसार की सौन्दर्य वृद्धि के उपकरण हैं। इन सबके बीच खड़ा मनुष्य अपने को तनावमुक्त रखकर प्रसन्नता पा सकता है। हाल ही में एक अमेरिकी शोध ने इस बात का दावा किया है कि प्रकृति की गोद में दिमाग तरोताजा रहता है। भले ही हम कितने ही निराशा में हो मगर प्रकृति के बीच जाकर यह निराशा पल भर में गायब हो जाती है।

कुछ जापानी शोधकर्ताओं ने पता लगाया कि प्रकृति के बीच रहने से शरीर को फायदा पहुँचाने वाले कई परिवर्तन होते है। रिसर्चर

निरपोन मेडिकल टोकियो के प्रोफेसर डॉ. क्विंग ली ने पाया है पेड़–पौधे फाइटोनसाइट्स जैसे सुगंधित कम्पाउण्ड छोड़ते हैं ये कम्पाउण्ड शरीर में स्वास्थ्यवर्धक परिवर्तन पैदा करते हैं। साथ ही मस्तिष्क में सकारात्मक हार्मोन पैदा कर व्यक्ति को तनाव मुक्त कर प्रसन्न रहने में मददगार होते हैं।

मिशिगन यूनिवर्सिटी के एक शोध में प्रकृति के बीच समय बिताने वाले छात्रों ने शहरी वातावरण में पढ़ाई करने वालों की तुलना में परीक्षा में 20 प्रतिशत अच्छे अंक पाए। प्रकृति, नाम याद रखने, बेहतर नोट्स लेने की क्षमता बढ़ाती है। इससे शार्ट टर्म व लॉग टर्म याददास्त सुधरती है।

फ्रटियर्स इन साइकोलॉजी में प्रकाशित एक शोध के अनुसार अगर आप तनाव से ग्रसित है तो केवल 20 मिनट ऐसी जगह पर बिताएं जहाँ आपको प्रकृति से जुड़ाव महसूस होता है। प्रकृति का यह सानिध्य इस समस्या से आपको छुटकारा दिला सकता है, क्योंकि प्रकृति की संगति मन को सुकून और जिन्दगी को सहज स्थिरता देती है।

तारा पार्कर पोप (Tara Parker Pope) का कहना है कि हर रोज आनन्द से जीने का एक उपाय है – हर दिन सुकून के साथ तस्वीर खींचे। जब आप सजग रहकर प्रकृति को महसूस करने लगते हैं, सूर्योदय–सूर्यास्त की तस्वीरें खींचकर ब्रह्माण्ड की विशालता को महसूस करने लगते हैं तो अपने आप कृतज्ञता का भाव आ जाता है। अपने आसपास उपस्थित लोगों, चीजों और प्रकृति को ताजा–तरीन नजरों से देखें, उन पर ध्यान दें और आभार जताती तस्वीर खींचे, रोजाना एक तस्वीर खींचने से सकारात्मकता जाग्रत होती है।

वृक्ष बहुत सकारात्मक ऊर्जा के स्त्रोत - ओशो

वृक्षों से दोस्ती आपके अन्दर एक खुशी, शांति और संतुष्टि पैदा करती है। वृक्ष आपके अशान्त मन को शान्त कर तनाव दूर करते हैं। महाकवि कालिदास ने तो वृक्षों को मानव के सच्चे मित्र, परिजन तथा संरक्षक के रूप में देखा समझा और चित्रित किया है।

ओशों ने तो वृक्षों से दोस्ती करने को ही ध्यान कहा है। वे कहते हैं कि वृक्ष बहुत जीवन्त और संवेदनशील होते हैं। वे अभी तक आदमी

की तरह प्रदूषित नहीं हुए हैं, इसलिए वे आपको बहुत सकारात्मक ऊर्जा प्रदान करते हैं।

रविन्द्रनाथ टैगोर का कहना है कि– हमारे देश की कविताओं में प्रकृति प्रेम का जो परिचय मिलता है, वह उन्हें अन्य देशों की कविताओं से अलग करता है। यह प्रकृति का प्रभुत्व नहीं, प्रकृति का उपभोग नहीं, प्रकृति के साथ दोस्ती है। जो हमें सकारात्मक ऊर्जा प्रदान करती है।

प्रकृति की बगिया में हरपल मुस्कुराते रहो।
और फूलों से महकते, सकारात्मक होते रहो।।

डॉक्टरों के पर्चों पर दवाईयों की जगह प्रकृति का डोज

प्रकृति का संग कितना अहम है यह बात स्कॉटलेण्ड (यू.के.) के डॉक्टरों के दवाई के पर्चों को देखकर अच्छी तरह समझा जा सकता है। वहाँ चिकित्सक लोगों को सुबह ओस पर नंगे पैर चलने, आकाश के तारे गिनने, बादलों को देखने, पक्षियों का अवलोकन करने और हवा की सरसराहट महूसूस करने का परामर्श देते हैं। डॉक्टर दवाईयों के साथ प्रकृति का डोज लिख कर मरीजों को प्रकृति के साथ समय बिताने की सलाह लिख रहे हैं। उनका मत है कि लोगों का हरियाली के निकट रहना सकारात्मकता लाकर तनाव, अवसाद और दिल की बीमारियों से बचाने में सहायक होता है। उनके अनुसार 90 मिनट तक कुदरत के समीप रहने पर हम दो दिन तक के लिए निराशा, तनाव और अवसाद जैसे परेशानी से दूर रह सकते हैं।

प्रकृति के करीब रह नैराश्य भाव से बचे

प्रकृति के निकट आइए, सूर्य की पहली किरण को देखिए। सरसराती हवा को अपने अन्दर समेटिए। फूल पत्तियों के रंग रूप को निहारिए। पेड़ों की टहनियों पर लदे फलों को देखिए।

बहते झरने, नदी, समुद्र का संगीत सुनिए। सुबह की शीतल हवा का आनन्द लीजिए। पेड़ों पर छाई डालियों से बात कीजिए। पक्षियों की चहचहाहट सुनिए। इस तरह अपने मन को प्रकृति के पास ले जाइए। फिर देखिए खुशियां आपके चेहरे पर अपने आप झलक जायेंगी और टेंशन छूमन्तर हो जाएगा।

किसी विद्वान का यह कथन कितना सटीक है – प्रकृति जीवन्त है, जीवन है, प्रकृति के करीब रहेंगे तो नैराश्य के भाव घर नहीं करेंगे और आप अपने को हमेशा तनाव मुक्त महसूस करेंगे।

अलबर्ट आइंस्टीन का कहना है – प्रकृति को गहरे से देखो, फिर आप सब कुछ समझ जाओगे। दुनिया के सारे विचार और आविष्कार प्रकृति से ही जन्में है। फिर चाहे गुरूत्वाकर्षण का सिद्धान्त हो या घड़ी। दुनिया को समझना है तो प्रकृति से अच्छा शिक्षक और दोस्त कोई नहीं हो सकता।

दुनिया के सुन्दरतम मनोरम दृश्य प्रकृति के दृश्य है। पूरा ब्रह्माण्ड ही प्रकृति की अद्‌भुत रचना है। प्रकृति हर जगह है बस उसे देखने के लिए आँख चाहिए, महसूस करने के लिए सरल हृदय चाहिए और जब कोमल भावनाओं से हम इसे निहारते हैं तो यही सुन्दरता हमारी आँखों में आ जाती है और फिर प्रकृति का हर दृश्य हमारे हर्ष का कारण बनता है। किसी ने ठीक ही कहा है–

ठंडी हवाओं के स्पर्श में हर्ष, नदियों के कल कल में हर्ष।
ठंड की मीठी धूप में हर्ष, प्रकृति के रूप–सौन्दर्य में हर्ष।।

मूक प्राणियों से सीखें जीना और प्रकृति के बीच रहना

प्रकृति के सानिध्य में मानवेत्तर प्रत्येक प्राणी अपने जीवन का भरपूर आनन्द लेता हुआ जी रहा है। गोधुली की बेला में गिलहरियाँ नटों की तरह हवाई कौशल प्रस्तुत करती हैं। उन्हें न तो रात्रि के अंधकार का डर होता है और न ही कल की चिन्ता। भेड़ियों के जंगल में मयूर मस्ती से नाच रहे हैं, सिंहों की घाटों में हिरन मस्ती से चौकड़ी भर रहे हैं। साँपों से भरी झाड़ियों में झिंगुरों ने तान छेड़ रही है। सपेरे की पिटारी में बन्द सांप बीन के सुरों पर नाच रहा है। कसाई के घर जाता बकरा मजे से नीम की पत्तियाँ चबाता उछलता कूदता आगे बढ़ रहा है।

मानव पशु–पक्षियों से बुद्धिमान है। सामर्थ्यवान और ईश्वर से सर्वाधिक अनुदान प्राप्त भी है, नन्हें–नन्हें जीवों को सीमित सामर्थ्य मिला हुआ है। अपने सीमित क्षेत्र से सीमित साधनों के सहारे वे असीम आनन्द का अनुभव करते हुए जी रहे हैं। किन्तु मनुष्य के लिए इससे बढ़कर

दुर्भाग्यपूर्ण बात क्या हो सकती है कि उसे जीवन जीना और जीवन का आनन्द लेना ना आ सका। कारण खोजने पर पता चलता है कि उसने बेवजह भागम–भाग भरी जीवन शैली अपना कर, प्रकृति से दूरी बढ़ाता जा रहा है। भौतिक सुख–सुविधाओं से भरपूर जो दुनिया बसा ली है उसमें प्रकृति से जुड़ाव का भाव नदारद है। इसका नतीजा है कि मनुष्य का खुद अपने जीवन से जुड़ाव कम हुआ है और जीवन चक्र चिन्ताओं आशंकाओं, तनाव और कृत्रिमता से भर गया है। जबकि मूक प्राणी मूक रूप से कह रहे हैं प्रेरणा दे रहे हैं कि हे ! मानव तुम जीवन का आनन्द लूटना सीखों और सुकून से बिना किसी तनाव और निराशा के जीना सीखो।

प्रकृति सुख और आनन्द का स्त्रोत

प्रकृति के बीच समय बिताने से केवल उतनी ही देर सुकून नहीं मिलता बल्कि यह एक नैचुरल थेरेपी है। इसका प्रभाव लम्बे समय तक रहता है। इससे तनाव में बहुत फायदा मिलता है।

हाल में हुए एक शोध में प्रकृति के हीलिंग नेचर और तनाव पर फोकस किया गया है। जिसमें यह सिद्ध किया गया है कि प्रकृति हमें तनाव मुक्त ही नहीं करती बल्कि सुख और आनन्द का एहसास भी कराती है। प्रकृति के बारे में वैज्ञानिकों का ऐसा कहना है कि चारों तरफ हरियाली देखकर मन खुश होता है। अमेरिका में हुए एक शोध के अनुसार हरियाली हमारी कार्य क्षमता को बढ़ाती है। हमारी शारीरिक और मानसिक सेहत दुरूस्त रखती है।

प्रकृति के करीब रहने से खुशी मिलती है। इसलिए जापान समेत कई देशों ने अपने कर्मचारियों को जंगल घुमाना शुरू किया है। इससे उनकी कार्यक्षमता में वृद्धि हुई है।

प्रकृति के बीच पाएं सकारात्मक ऊर्जा

जब हम जंगल, समुद्र, नदी किनारे या पहाड़ों पर जाते हैं, फूलों को देखते हैं, तो मन कितना आनन्दित हो उठता है। प्रकृति की यह विविधता देखकर हम आश्चर्य से भर जाते हैं। कितने भी दुखी हो घने जंगल, कुदरती बाग में चले जाइए। पेड़ के पत्तों के तरह–तरह के हरे

रंग देखिए। मन को सुकून मिलेगा। मनोविज्ञान की भाषा में समझें तो पर्यावरण के बीच में जाने पर मस्तिष्क को ताजगी मिलती है। वही हमारे पैरासिम्पेथैटिक नर्वस सिस्टम (Parasympathetic Nervous System) को विश्वास होता है कि कोई आपसे बड़ा और बेहतर है। वो हमारे पक्ष में है। पैरासिम्पेथैटिक सिस्टम हमको शान्त रखता है और सकारात्मक ऊर्जा देता है।

फिनलैंड में हुए एक अध्ययन के अनुसार प्रकृति के बीच केवल 15 मिनट बिताने से मानसिक रूप से परेशान व्यक्ति को खुशी मिलती है। अगर व्यक्ति अपने को प्राकृतिक वातावरण में सेट करें तो खुशी और जल्दी मिलती है। प्रकृति मन पर सीधे असर डालती है।

प्रकृति आपकी उम्र के साथ होने वाले शारीरिक दर्द को भी कम करती है। एक शोध में पाया गया कि 70 वर्ष की उम्र में जिन लोगों ने रोज कुछ देर बाहर घूमने जाने के नियम का पालन किया उन्हें शरीर में दर्द की शिकायत अन्य की तुलना में कम हुई। वे 75 की उम्र के बाद भी बेहतर नींद और स्वास्थ्य का आनन्द लेते रहे।

सकारात्मकता से जीने के लिए ईश्वर प्रदत्त अनमोल उपहार

प्रकृति के साथ के बिना हमारा जीवन गुणवत्तापूर्ण नहीं हो सकता। क्योंकि प्रकृति का हर रंग हमें स्वयं से जोड़ता है। जिस तरह मौसम में, प्रकृति में बदलाव होता है, उसी तरह हमारे शरीर और मन–मस्तिष्क में भी बदलाव होते हैं। इसलिए कुदरत के बदलावों के जानने के लिए कुछ पल ठहरकर आनन्द लेना होता है, उसी तरह अपने भीतर आ रहे बदलावों को समझने के लिए भी खुद के भीतर झांकने की जरूरत होती है। प्रकृति का साथ हमें यह बखूबी समझाता और सिखाता है। प्रकृति हर परिस्थिति के लिए स्वयं को तैयार रहने का संदेश देती है।

अपने मन को प्रकृति के पास ले जाइए – आज आदमी इतना निराश और तनाव में क्यों है, जीवन को जीवन की तरह क्यों नहीं जी रहा है। रंग–बिरंगी दुनिया उसे अंधकारमय क्यों प्रतीत होती है यह अंधकार क्या है? जब हम इस तथ्य को जानने की कोशिश करते हैं तो आश्चर्यजनक नतीजा सामने आता है। यह अंधकार और किसी कारण से नहीं है वरन्

हमारे आँख पर पट्टी बंधे रहने के कारण ही है। पट्टी बंधे रहने के कारण हम प्रकृति के सौन्दर्य को देख ही नहीं पाते। जरा पट्टी खोलकर तो देखिए आप देखते ही रह जायेंगे।

प्रकृति सकारात्मकता से जीवन जीने के लिए हमें ईश्वर प्रदत्त एक अनमोल उपहार है। जिसकी उपेक्षा का नतीजा आज हम निराशा तनाव, अवसाद के रूप में भुगत रहे हैं। प्रकृति से दोस्ती दिमाग, शरीर और आत्मा को ऊर्जावान बनाए रखने का स्त्रोत है। इस ऊर्जा की आवश्यकता आज हर आदमी को है। हमें हमेशा यह याद रखना चाहिए कि प्रकृति हमें सकारात्मकता और खुशियों के माहौल से जोड़ती और तनाव मुक्त जीवन जीना सिखाती है।

12.

प्रार्थना सकारात्मकता की ओर ले जाने वाली अदृश्य शक्ति

प्रार्थना हमारे विचारों का परिवर्तित रूप है मनुष्य के मन की समस्त विश्रृंखलित एवं विभिन्न दिशाओं में बहकने वाली प्रवृत्तियों को एक केन्द्र में रखकर एक एकाग्र करने वाले मानसिक व्यायाम का है। प्रार्थना से मनुष्य के निराशावादी, हीन दृष्टिकोण में परिवर्तन आता है। उसे सर्वत्र, शान्ति और सौन्दर्य के दर्शन होते है और उसकी सोच सकारात्मक बनती है।

– पी. राबर्टसन, बिऑण्ड रीजन मिरेकल कैन चैन्ज योर लाइफ, पुस्तक के लेखक

प्रार्थना मनोवैज्ञानिक ऊर्जा का विपुल स्रोत है। जब हम दुःखों के बीच स्वयं को असहाय पाते हैं, तो जीवन के ऐसे क्षणों में प्रार्थना हमारी सबसे ज्यादा मददगार होती है। वह हमारे मन को सकारात्मक विचारों की ओर ले जाती है। आशाओं को पुर्नजीवित करती है, तनाव, निराशा के गर्त से बचाती है। वह जीवन के दुःखों और परेशानियों के क्षणों का सामना करने हेतु हमें साहस देती है।

आज के युग में मानव जीवन में भाग–दौड़ संघर्ष आदि बहुत बढ़ गए हैं। दिन–रात दुनियादारी के ताने–बाने में ही रत यहाँ के संघर्षों में लिप्त रहने से शरीर के स्नायु–संस्थान, पोरियाँ, नस–नाड़ी, दिल–दिमाग में एक तरह का तनाव खिंचाव पैदा हो जाता है। प्रार्थना से मानसिक संतुलन, आत्मानुभूति, ईश्वरीय सत्ता के साथ एकात्मकता के साथ ही तनाव भी दूर होता है।

प्रार्थना...प्रेयर या फिर इबादत...जो चाहे कह लें, यह दुनिया के हर धर्म का अटूट हिस्सा है। उठते ही प्रार्थना, सोने से पहले प्रार्थना, स्कूल में प्रार्थना, खाने से पहले प्रार्थना, खाने के बाद प्रार्थना...... सांस्कृतिक कार्यक्रम के पहले प्रार्थना। आखिर इतनी प्रार्थना क्यों? चूंकि प्रार्थना धर्म का सबसे महत्वपूर्ण हिस्सा है, इसलिये हमारे जीवन का भी महत्वपूर्ण हिस्सा है।

प्रार्थना ईश्वर के प्रति अंतरात्मा की गहरी पुकार है। प्रार्थना याचना नहीं है। प्रार्थना एक क्षण है जब हमारे विकल प्राण प्रभु को पुकारते हैं। कारण कुछ भी हो– संकट का निवारण हो या अपने कल्याण की बात हो। प्रार्थना में कई चीजें शामिल हैं, कई तत्व शामिल होते हैं और सबसे महत्त्वपूर्ण बात है–हमारी विफलता, हमारी वेदना, हमारी आस्था हमारे भाव और विश्वास की कि कहीं ईश्वर है, जो हमारी मदद करेंगे। हमारी प्रार्थना सुनी जायेगी प्रार्थना में इस बात का दृढ़ विश्वास होता है।

प्रार्थना के बारे में मनीषियों के विचार

महात्मा गाँधी कहा करते थे – प्रार्थना मेरा प्राण है, जीवन है। मैं भोजन छोड़ सकता हूँ, पानी छोड़ सकता हूँ, संसार की सारी चीजें छोड़ सकता हूँ किन्तु प्रार्थना नहीं छोड़ सकता। प्रार्थना करने से मैं अपने अन्दर एक सुख–शान्ति और सकारात्मकता का अनुभव करता हूँ। जिस दिन प्रार्थना में बिलम्ब हो जाता है या किसी कारणवश नहीं कर पाता हूँ, वह दिन मेरे लिए सबसे खराब दिन होता है। मुझे लगता है जैसे मैं निर्जीव हूँ, अशक्त हूँ, न मैंने कुछ किया है और न कुछ कर सकता हूँ और प्रार्थना कर लेने पर तत्काल सारी दुर्बलताएँ दूर हो जाती हैं और अपने अन्दर फिर पूर्णता का अनुभव करने लगता हूँ।

चिकित्सा शास्त्र पर नोबेल पुरस्कार विजेता एवं फ्रांस के लियो विश्वविद्यालय के प्रोफेसर डॉ. कैरल ने अपनी चिकित्सा पद्धति के साथ औषधियों से अधिक प्रार्थना को महत्व दिया। वे हर रोगी से कहते थे सच्चे मन से प्रार्थना करो, यदि प्रार्थना सच्चे मन से करोगे तो जरूर सुनी जाएगी।

सुप्रसिद्ध मनीषी नार्मन विंसेंट पाल ने अपनी पुस्तक 'ट्रेजरी ऑफ

करेज एण्ड कांफीडेंस' में लिखा है कि "जीवन को पवित्र, प्रखर, सुखमय एवं क्षमता सम्पन्न बनाने के लिये नियमित रूप से प्रार्थना करना अनिवार्य है। यह सकारात्मक ऊर्जा उत्पन्न करने, शारीरिक, मानसिक, स्वास्थ्य संवर्धन की सर्वोच्च साधना है।"

जापान का प्रसिद्ध धर्म है, शिष्टो। इस शब्द का अर्थ है, दी वे ऑफ क्रामी अर्थात् श्रेष्ठता, पवित्रता। देवताओं तक पहुँचने का मार्ग प्रार्थना है। शिष्टों धर्म की मान्यता है कि देवता अदृश्य, अशरीरधारी, दिव्य शक्तियाँ हैं, जो सच्ची प्रार्थना का प्रत्युत्तर भी दिया करती हैं।

अंग्रेज कवि टेनीसन का कथन है – "सांसारिक मनुष्य जो सोचता है और करता है, उससे कहीं अधिक सामर्थ्य प्रार्थना में है। प्रार्थना तो परमेश्वर से वार्तालाप करने की एक आध्यात्मिक प्रणाली है।"

संत मदर टेरेसा के अनुसार प्रार्थना अपने सबसे विश्वस्त, सर्वसमर्थ तथा आत्मीय सत्ता से जुड़ने की एक सरल, किन्तु अत्यन्त प्रभावशाली आध्यात्मिक प्रक्रिया है, जो क्रिया में सामान्य होते हुए भी प्रतिक्रिया की दृष्टि से असामान्य है। पवित्र भावों से की गयी प्रार्थना असम्भव को भी सम्भव कर सकने में सक्षम है।

मदर टेरेसा ने ठीक ही कहा है –

अन्तर्मन से निकली प्रार्थना कभी खाली नहीं जाती।
यानी कि वह भगवान से भी टाली नहीं जाती।

प्रार्थना की चमत्कारी शक्ति - हुमायूँ स्वस्थ्य हुआ, बाबर की मृत्यु

मुगल सम्राट बाबर का स्वास्थ्य कठोर परिश्रम, युद्ध की थकावट व चिन्ता के कारण बिगड़ गया था, किन्तु फिर भी उनका आत्मविश्वास और धर्मनिष्ठा ज्यों की त्यों बनी हुई थी। इसी समय उनका प्रिय पुत्र हुमायूँ बीमार पड़ गया। अनेक उपचार कराने पर भी प्रतिदिन उसकी अवस्था गिरती गई। वैद्य, हकीमों ने घोर निराशा प्रकट की। हुमायूँ की बिगड़ती हालत देखकर उनकी चिन्ता और कई गुणी बढ़ गई। तब बाबर ने अपने पुत्र को बदले प्राण देने का संकल्प किया। उसके सलाहकारों ने उसे बहुत समझाया और जो वस्तु आपको अधिक से अधिक प्रिय हो, हुमायूँ की जान के बदले दे दीजिये तो संभव है ईश्वर दया करें और हुमायूँ

पूर्ण स्वस्थ्य हो जाएं। बाबर ने उत्तर दिया कि मेरे पास सबसे प्यारी मेरी जान है और हुमायूँ के लिए मुझे इसे दे देने में जरा भी संकोच नहीं है। यह कह कर उसने तीन बार हुमायूँ के पलंग की परिक्रमा की और नेत्र मूंद एकाग्रचित हो प्रार्थना की। हे ईश्वर ! यदि मेरी जान के बदले में हुमायूँ स्वस्थ्य हो सकता है और जीवित रह सकता है तो मैं इसे हुमायूँ पर निछावर करने के लिए तैयार हूँ। हुमायूँ के समस्त रोग मेरे ऊपर आ जाएं और वह पूर्ण स्वस्थ्य हो जाए। ईश्वर की विचित्र लीला है। दूसरे ही दिन से हुमायूँ धीरे–धीरे स्वस्थ्य होने लगा किन्तु बाबर का स्वास्थ्य बिगड़ने लगा। बाबर की प्रार्थना स्वीकार कर ली गई थी और आगरे में उसका देहान्त हो गया।

यह ऐतिहासिक घटना प्रसिद्ध है और ऐसी ही अनेक प्रचलित घटनाओं तथा व्यक्तिगत अनुभवों के आधार पर मान्यता है कि प्रार्थना में अद्‌भुत शक्ति है। जो व्यक्ति प्रार्थना करता है उनके जीवन में अनेक बार ऐसा हुआ है कि उनकी हार्दिक कामनाएँ अक्षरशः पूर्ण हुई है।

प्रार्थना के चमत्कार की हाल की ही सत्य घटना :-

बड़ौदा के वरिष्ठ हृदय रोग विशेषज्ञ की सुनिये, आप बीती घटना जिसने उनके जीवन को ही बदल दिया।

एक दिन मेरे पास एक दम्पत्ति अपनी सात साल की बच्ची को लेकर आये। परीक्षण के बाद पता चला कि उसके दिल की नलियाँ पूर्ण रूप में Clogging (चोक) हो चुकी है। मैंने अपनी टीम से चर्चा करने के पश्चात् उस दम्पत्ति से कहा कि ओपन हार्ट सर्जरी के बाद 30 प्रतिशत चांस है, बच्ची के बचने के। नहीं तो बच्ची के पास तीन महीने का समय है। माता–पिता भावुक होकर बोले–वे सर्जरी का चांस लेना चाहेंगे।

सर्जरी के पाँच दिन पहले बच्ची को भर्ती कर लिया गया। उसकी माँ को प्रार्थना में अटूट विश्वास था। वह सुबह–शाम बच्ची से यही कहती – God Lives in Your Heart. वह तुम्हें कुछ नहीं होने देगा।

बच्ची को सर्जरी के दिन मैंने बच्ची से कहा – Don't worry you will be all right after surgery. उसने कहा – "डॉक्टर साहब!

मुझे जरा सी भी चिन्ता नहीं है। God is in My Heart. पर सर्जरी में जब आप मेरा हार्ट ओपन करेंगे तो देखकर बताना कि गॉड कैसे दिखते हैं।"

ऑपरेशन के दौरान पता चला कि कुछ नहीं हो सकता। बच्ची को बचाना असम्भव है। हृदय में खून की एक बूंद भी नहीं जा रही थी। निराश होकर मैंने अपनी टीम को वापस टांके लगाने का आदेश दिया। तभी मुझे बच्ची की आखरी बात याद आई और मैं रक्त भरे हाथ जोड़कर प्रार्थना करने लगा कि हे ईश्वर! मेरा अनुभव तो इस बच्ची को बचाने में असमर्थ रहा है, पर यदि आप इसके हृदय में विराजमान हैं तो आप कुछ कीजिये।

मेरी यह अश्रुपूर्ण प्रार्थना थी। इस बीच में जूनियर डॉक्टर ने कोहनी मारी। मैं Miracle (चमत्कार) में विश्वास नहीं करता, पर स्तब्ध हो गया, यह देखकर की हृदय में रक्त का संचरण शुरू हो गया था। मेरे 45 साल के केरियर में ऐसा पहली बार हुआ। ऑपरेशन सफल तो हो गया, पर मेरा जीवन बदल गया। मैंने बच्ची से कहा– "ईश्वर को देखने का प्रयत्न मत करो, उसे देखा नहीं जा सकता, केवल अनुभव किया जा सकता है।"

इस घटना के बाद मैंने अपने ऑपरेशन थियेटर में प्रार्थना का नियम निभाना शुरू कर दिया। मेरा अनुरोध है कि प्रत्येक व्यक्ति को प्रार्थना करना चाहिये।

प्रार्थना ने यह कर दिखाया, जो कोई दूसरी शक्ति नहीं कर सकी। इसीलिये आध्यात्मिक लोग मानते हैं कि प्रार्थना में शक्ति होती है। एक ऐसी शक्ति, जो आपको विशिष्ट अधिकारों वाला बनाती है, प्रार्थना एक हीलिंग टच है। प्रार्थना एक ऐसा श्रद्धा–सूत्र है, जो हमें आत्मबल देता है। अगर हम प्रार्थना को किसी चमत्कार का जरिया न भी माने तो भी आज की इस तनाव ग्रस्त, कुण्ठाग्रस्त जिन्दगी में न सिर्फ सुकून देती है, बल्कि एक शक्तिशाली संबल है।

प्रार्थना में भाव का प्रमुख स्थान है। भावना जितनी सच्ची, गहरी और श्रद्धापूर्ण होगी, उतना ही उसका सत्य परिणाम भी होगा।

प्रार्थना विज्ञान की कसौटी पर

डॉ. थॉमस केवल भौतिक विज्ञानी थे, किन्तु प्रार्थना की शक्ति में उनका अटूट विश्वास था, जिसके माध्यम से वे सैकड़ों मरीजों को स्वस्थ

करके ख्याति अर्जित कर चुके थे। अतः स्पष्ट है कि अब विज्ञान भी इस बात को मानने के लिये मजबूर हो गया है कि प्रार्थनाएँ सचमुच सुनी जाती हैं। इस बात को अमेरिका के इंडियाना यूनिवर्सिटी के एक शोध सर्वेक्षण में साबित किया। प्रोफेसर कैण्डी गंथर ब्राउन की देखरेख में डॉक्टरों की एक टीम के साथ यह शोध मोजम्बिक के सुदूर ग्रामीण क्षेत्र में सम्पन्न हुआ। इस शोध के दौरान पाया गया कि उन मरीजों के मुकाबले जिनके लिये प्रार्थनाएँ नहीं की गयी, उन मरीजों की दवाएँ ज्यादा कारगर साबित हुई, जिनके लिये प्रार्थनाएँ की गयीं थीं।

एक नये शोध में विस्कोसन मेडिसन विश्वविद्यालय के शोधकर्ताओं ने दावा किया कि जो लोग जीवन के कठिन दौर में प्रार्थना का रास्ता चुनते हैं, वे अपनी भावनाओं और परेशानियों का मुकाबला आसानी से कर लेते है। अमेरिका में 75 प्रतिशत लोग ऐसे हैं, जो बीमारी दुःख, तनाव के कारण होने वाले नकारात्मक प्रभाव से बचने के लिये सप्ताह में एक बार प्रार्थना करते हैं।

अमेरिकी साइकियाट्रिक एसोसिएशन का मानना है कि दिल के 10 प्रतिशत मरीज प्रार्थनाओं के जरिये ठीक हो जाते हैं, इसलिये देखा गया है कि गम्भीर रूप से बीमार चाहे, वे अमेरिकी हो या भारतीय, वे और उनके घरवाले मेडिकल साईंस के साथ–साथ उतना ही और कई बार तो उससे भी ज्यादा विश्वास प्रार्थनाओं पर करते हैं। प्रार्थनाओं को लेकर पहले भी कई वैज्ञानिक शोध हुए हैं और उन सभी का साझा निष्कर्ष यह है कि प्रार्थना वाकई चमत्कार करती है।

कई मनोवैज्ञानिक तक इस निष्कर्ष पहुँच चुके हैं कि मानसिक तनाव अथवा भावनात्मक रूप से दुःखी व्यक्तियों के उपचार में प्रार्थना महत्वपूर्ण भूमिका निभाती है। प्रार्थना केवल उसी व्यक्ति पर प्रभाव नहीं डालती, जो प्रार्थना करता है, अपितु सम्पूर्ण वातावरण को प्रभावित कर सकारात्मक बनाती है, जिसमें वह व्यक्ति रहता है। मस्तिष्क में उठने वाली तरंगें, जो शक्ति और शुभेच्छाओं से पूर्ण होती हैं, पर्यावरण को शुद्ध व परिष्कृत करती हैं और सकारात्मक ऊर्जा का संचार कर हमें तनाव अवसाद एवं अन्य परेशानियों को दूर करने में मददगार होती है।

❍

13.

कृतज्ञता के जल से स्नान सकारात्मक सुगंधा का प्रसार

कृतज्ञता वह भाव है जो व्यक्ति को संस्कारवान होने का एहसास कराता है। संकट के समय या विषम परिस्थितियों में किसी के द्वारा की गई छोटी सी सहायता या सेवा के लिए हृदय में उस व्यक्ति के प्रति आदर भाव रखना और शुक्रिया अदा करना कृतज्ञता है।

- विलियम आर्थर वार्ड

मनुष्य के सभी गुणों में कृतज्ञता सबसे महान गुण ही नहीं बल्कि अन्य गुणों का जनक भी है। कृतज्ञता सकारात्मकता का द्योतक है जो व्यक्ति की जिन्दगी में खुशियाँ बिखेर सकता है। यह बात वैज्ञानिक शोधों से भी साबित हो चुकी है।

केलोफोर्निया विश्वविद्यालय के मनोवैज्ञानिक रॉबर्ट ए. एमॉन्स ने कई अध्ययनों में साफ–साफ देखा कि किसी का अभार जताने से अवसाद में कमी आती है और भीतरी खुशी बढ़ती है। मन में अपने जीवन की अच्छी बातों को लेकर कृतज्ञता का भाव हो तो, ईर्ष्या, रोष, कुंठा, अफसोस जैसी भावनाएँ कम होती हैं जब व्यक्ति अपनी नेमतों को लेकर कृतज्ञ होता है, तो वह दूसरों की सफलता या धन–सम्पत्ति से बेवजह कुढ़ता नहीं है।

शुक्रिया कहें, धन्यवाद कहें, थैंक यू कहें। इन सबका निचोड़ एक ही है, आभार। आभार एक छोटा सा शब्द है जिसमें विस्तृत अर्थ समाया हुआ है। इसके द्वारा बड़ी आसानी से दूसरों को अपना बनाया जा सकता है। यह एक सामान्य शिष्टाचार भी है। कृतज्ञता प्रकट करने से सहायता

करने वाले को उसके कार्य की महत्ता का ज्ञान होता है और कृतज्ञता रूपी प्रतिफल का आनन्द मिलता है। मनोवैज्ञानिकों के अनुसार कृतज्ञता का भाव खुशी देने वाला है जो जितना ज्यादा आभारी होता है उसका कल्याण स्तर भी उतना ही अधिक होता है। आभारी लोग ज्यादा खुश, कम उदास और कम थके हुए होते हैं। कृतज्ञता से जीवन में सुगंध का संचार होता है।

कृतज्ञता आत्मविश्वास की बूटी

कृतज्ञता आत्मविश्वास की बूटी भी है। आत्मविश्वास के लिए विद्वानों ने कई गुणों की व्याख्या की है लेकिन इनमें सर्वोत्तम गुण है कृतज्ञता। कृतज्ञता से जीवन में सुगंध का संचार होता है। इससे व्यक्तित्व में आकर्षण बढ़ता है। वह अधिक सुशील और विनम्र होता है, उसमें अहम का भाव दूर होता है और दयाभाव पैदा होता है जो सुख का कारक बनता है।

हमारा जीवन मानवीय संबंधों के बल पर ही चलता है। हम एक दूसरे को उपकृत करते हैं और खुद भी लाभान्वित होते हैं। जिनसे आपको कुछ भी मिला उसके योगदान को याद करें और बोलकर ही नहीं प्यार, सम्मान, सराहना लगाव जैसे तरीकों से उनका आभार मानें। किसी के प्रति अभार व्यक्त करने में कोई पैसा खर्च नहीं होता न समय फिर भी हम इस शक्तिशाली भावना की अनदेखी करते हैं।

कृतज्ञता ज्ञापन एक सकारात्मक भाव

कृतज्ञता एक सकारात्मक भाव है, जो हमारा जीवन समृद्ध करता है। कुछ मनोवैज्ञानिकों ने भी पाया है कि कृतज्ञ लोगों को कई तरह के मानसिक व शारीरिक लाभ मिलते हैं तथा वे अधिक प्रसन्न रहते हैं। आधुनिक विज्ञान ने तो इस भाव को अब माना है मगर प्राचीन सभ्यताओं ने हमेशा से इस भाव के महत्व को समझा है और इस पर बल दिया है। यही कारण है कि कई संस्कृतियों में कृतज्ञता व्यक्त करना अनिवार्य प्रसंग है और यहाँ तक की इसे विधिवत उत्सव के रूप में मनाया जाता है।

सर्वप्रथम कृतज्ञता भाव उस प्रकृति के लिए उठता है, जो हमें उदरपूर्ति के लिए अन्न देती है। अच्छी फसल के लिए प्रकृति को धन्यवाद देने हेतु विश्वभर में कई पर्व मनाएं जाते हैं। कहीं मेला लगता

है तो कहीं–कहीं संगीत, नृत्य, समूह भोज आदि होता है इस दौरान प्रार्थना भी की जाती है।

यह जरूरी नहीं है कि अन्न, जल या अन्य ऐसी ही बात के लिए कृतज्ञता जताई जाए। जीवन की हर छोटी–बड़ी नेमत के लिए हम शुक्रिया अदा कर सकते हैं आभार प्रदर्शन कर सकते हैं व अपने जीवन को धन्य कर सकते हैं। एक बार करके तो देखो। पुराने जमाने के ज्ञानी और आज के वैज्ञानिक दोनों गलत नहीं हो सकते।

रिश्तों में मजबूती

आज की भागम–भाग भरी जिन्दगी में हम छोटी–छोटी और साधारण बातों को भूलते जा रहे हैं। उदाहरणार्थ जीवन साथी के प्रति कृतज्ञता, उदारता की भावना। शोधकर्ताओं का कहना है कि जो लोग जीवनसाथी के साथ हमेशा कृतज्ञता की भावना बनाए रखते हैं वे दूसरों की तुलना में ज्यादा खुश रहते हैं।

शोध की प्रमुख डॉ. सारा भाई एम्लो कहती है कि जिनकी हमें परवाह है और जो हमारी परवाह करते हैं उनके प्रति उदारता और कृतज्ञता की भावना हमारे रिश्तों में मजबूती लाती है। उनका यह भी कहना है कि आभार व्यक्त करने से व्यक्ति के प्रति नजरिया बदलता जिससे दोनों पक्ष लाभान्वित होते हैं।

शुक्रिया कहने में न करें कंजूसी

स्टेनफोर्ड विश्वविद्यालय (यू.एस.) के डॉक्टर विलियम फ्रैंक का कथन है कि– जब हम प्रतिदिन शुक्रिया, धन्यवाद या थैंक्स जैसे शब्द अपनी दिनचर्या में शामिल करते हैं तो अन्य लोगों की अपेक्षा ज्यादा स्वस्थ्य और सुखी रहते हैं। इससे हम में उत्साह और सकारात्मक ऊर्जा का स्तर बढ़ जाता है। ऐसे लोगों में बीमारियों से लड़ने की क्षमता औरों की अपेक्षा ज्यादा होती है। हम निर्णय भी जल्दी ले पाते हैं। हाँ या न के चक्कर में तनाव नहीं झेलते।

शुक्रिया अच्छी नींद का भी एक टॉनिक है। कई शोधों से यह साबित हो चुका है कि अपनी हर सहायता के लिए आभार व्यक्त करने या धन्यवाद देने वालों को बेहतर नींद आती है क्योंकि वे सोने के पहले

नकारात्मक विचारों के बारे में कम सकारात्मक विचारों के बारे में ज्यादा सोचते हैं।

कृतज्ञता व्यक्त करें

किसी भी सदाशयता के प्रति हम अपनी कृतज्ञता व्यक्त करके सामाजिक जीवन में मिठास घोल सकते हैं। इसी प्रकार किसी के किए हुए उपकारों का अगर हम यदा–कदा उल्लेख कर दें तो न सिर्फ हम उपकार करने वालों को उसका हक दे रहे हैं बल्कि पूरी मानव जाति में एक–दूसरे की सहायता करने की भावना को भी प्रोत्साहन दे रहे हैं।

विलियम आर्थर वार्ड का कहना है कि– कृतज्ञता या आभार महसूस करना और इस भावना को व्यक्त न करना वैसा ही है जैसे उपहार को अच्छी तरह पैक करना, पर किसी को देना नहीं।

हम भारतीयों की स्थिति

किसी की सहायता, सहयोग और हमदर्दी के उत्तर में कृतज्ञता व्यक्त करना या धन्यवाद अथवा शुक्रिया कहना शिष्टाचार का पहला अध्याय है। अफसोस की बात है कि हम भारतीयों द्वारा इस शिष्टाचार का पालन कम ही किया जाता है। हम किसी के उपकार को इस प्रकार ग्रहण कर लेते हैं जैसे वह हमारा कर्जदार हो। हमारे मुँह से शुक्रिया, धन्यवाद, थैंक यू, कृपया जैसे शब्द प्रायः निकलते ही नहीं हैं।

कृतज्ञता की भावना, जादुई असर

कृतज्ञता की भावना का जादुई असर होता है यह विभिन्न अध्ययनों और शोधों से साबित हो चुका है। अकसर यह होता है कि हम अपनी नेमतों से अनजान होते हैं और हमारा ध्यान दुःख, तकलीफों, अड़चनों और मुश्किलों पर ही केन्द्रित रहता है। इससे ये नकारात्मक भाव बढ़ते ही जाते हैं। फिर हमें जरा ठहरकर अच्छी बातों पर सोचने की दरकार होती है। यह जीवन मानवीय संबंधों के बल पर चलता है। हम एक दूसरे को उपकृत करते हैं और खुद भी लाभान्वित होते हैं जिनसे आपको कुछ भी मिला है, उसके योगदान का स्मरण करें और केवल बोलकर ही नहीं, प्यार, सम्मान सहायता और सराहना जैसे तरीकों से भी उनके

प्रति कृतज्ञता जताएं। जब हम कृतज्ञता जताते हैं, ईश्वर या किसी व्यक्ति के प्रति – तो न तो पैसा लगता, न ही ज्यादा समय। फिर क्यों हम इस इतनी शक्तिशाली जादुई भावना की अनदेखी करते है? यह सोचनीय बात है।

कृतज्ञता का भाव नैतिकता की प्रथम सीढ़ी - एक पुरातन कथा

एक पुरातन कथा इस प्रकार है– एक शिकारी ने हिरण का निशाना लेकर बाण चलाया। निशाना चूक गया और बाण एक पीपल के पेड़ में धंस गया। जहर के प्रभाव से उस पेड़ के पत्ते झड़ने लगे और वह सूखने लगा। पेड़ के खोल में एक तोता रहता था। उसका जन्म ही पेड़ पर हुआ था और उसी की शाखाओं पर उसने उड़ना और चहकना सीखा था। जब पेड़ सूखने लगा तो उसे बहुत दुःख हुआ और उसने दाना चुगने, फल आदि खाने के लिए बाहर जाना छोड़ दिया। वह खोल में ही रहने लगा और सूखकर कांटा हो गया। उसने अपने साथी पेड़ के साथ प्राणोत्सर्ग करने का संकल्प ले लिया।

कई दिन बीते और उसके इस निर्णय से इन्द्र बहुत प्रसन्न हुए, वे तोते के पास आए और बोले – 'हे शुक! इस पेड़ पर न तो पत्ते हैं, न ही फल। इसके आश्रय में रहने वाले हर पक्षी ने इसे त्याग दिया है, फिर तुम क्यों इसे नहीं छोड़ते? देखो, जंगल में सैकड़ों वृक्ष हैं, जिन पर फल, फूल और पत्ते लदे हुए हैं। तुम किसी और वृक्ष को अपना बसेरा क्यों नहीं बना लेते? यह वृक्ष आज नहीं तो कल अवश्य ही मृत्यु को प्राप्त होगा।

इस पर तोते ने कहा– 'हे देवराज! मैं इस वृक्ष पर जन्मा, पला–बढ़ा और इसी पर मैंने जीवन की सीख ली। वृक्ष ने मुझे माता–पिता जैसा दुलार दिया और शत्रुओं से मेरी रक्षा की। यह अब बुरी अवस्था में है, अतः मेरा कर्तव्य है कि इस समय मैं भी इसका साथ दूँ। मैं अब अपने इस आश्रयदाता को छोड़कर नहीं जाऊँगा।

तोते की नीतिपूर्ण बाते सुनकर इन्द्र ने उसे वर मांगने को कहा। तोते ने कहा– 'भगवान्, यदि आप मुझसे प्रसन्न हैं, तो मेरी यही कामना है कि यह वृक्ष फिर से हरा–भरा हो जाए।' तोते की कृतज्ञता के कारण

जीवनदायी अमृत बरसा और वृक्ष फिर हरा–भरा हो गया। आश्रयदाता के प्रति कृतज्ञता का भाव रखना नैतिकता की आरंभिक सीढ़ी है।

न करें, कृतज्ञता की अनदेखी

जीवन में कृतज्ञ या शुक्रगुजार होना जरूरी है। शुक्रगुजार लोगों के अन्दर आत्म सम्मान की भावना बहुत होती है। शुक्रगुजार लोग अच्छे ग्राही होते हैं। यानी वे दूसरों की अच्छी चीजों को बहुत जल्दी सीखते हैं। ऐसे लोग खाना भी खाते हैं तो उसके बनाने वाले को शुक्रिया कहना नहीं भूलते। जिनके साथ यात्रा कर रहे होते हैं उन्हें उनकी मदद के लिए गर्मजोशी से शुक्रिया अदा करना नहीं भूलते। यानी ये लोग जाते समय भी अपनी एक सकारात्मक छाप लोगों के मन में छोड़ जाते हैं।

चीन की एक कहावत है जब कभी झरने से जल पीओ तो झरने को मत भूलो। शुक्रगुजार लोग अपने जीवन में न केवल सफल ही रहते वरन् सुखी भी रहते हैं। आप भी अपने–अपने जीवन में सकारात्मकता रख शुक्रगुजार बने।

❍

14.

करें शब्दों और मुहावरों की बागवानी, रहें सकारात्मक

शब्द ब्रह्म है। नश्वर है। अनन्त काल तक ब्रह्माण्ड में गूजते रहते हैं उनका प्रभाव अत्यन्त गहरा हो सकता है। शब्द व्यक्ति के जीवन के साथ भी है, जीवन पूर्ण होने के बाद भी।

- एक विचारक

शब्दों का जीवन में बड़ा महत्व है। सारे शास्त्र और वैज्ञानिक इस संबंध में एक मत है कि जो हम बोलते हैं, वह सम्पूर्ण वातावरण को प्रभावित करता है, जिससे हमारे चारों ओर सकारात्मक या नकारात्मक क्षेत्र विकसित हो जाता है। अपशब्द बोलने वाले व्यक्ति का समीप्य हमारे हृदय को दुःखी कर सकता है। हम भी नकारात्मक विचारों से ग्रस्त होने लगते हैं। इसके विपरीत सकारात्मक शब्द एक सृजनात्मक वातावरण का निर्माण करते हैं। सकारात्मक और स्नेह युक्त शब्द हमारी चेतना का विस्तार कर हमें खुशी प्रदान करते हैं।

शब्द शक्ति अपने आप में सामर्थ्यवान शक्ति है यदि इसका प्रयोग स्वयं को प्रसन्न, शांत, संयमित रखकर दूसरों को भी प्रसन्नता प्रेम कृतज्ञता ज्ञापित करने के लिए किया जाए तो निश्चित ही वातावरण में सकारात्मक ऊर्जा का अविर्भाव होगा।

मार्क ट्वेन ने कहा है – सही शब्द एक शक्तिशाली संदेश वाहक हैं, यह शारीरिक क्षमता बढ़ा सकता है, बिजली सी तेजी से मानसिकता को प्रभावित कर सकता है। चुने हुए शब्द दुनियां बदल सकते हैं, हमें

हंसा सकते हैं, रूला सकते है, हमें उत्साह, उमंग और सकारात्मकता से भर सकते हैं।

किसी ने ठीक ही कहा है –

शब्द संभाले बोलिये शब्द के हाथ न पैर।
एक शब्द औषधि करे एक शब्द करे धाव।।

शब्दों की बागबानी कीजिए खुश और आनन्दित रहिए

खुश रहने और मन बहलाव के लिए कुछ लोग ऐसे भी है जो शब्दों की बागवानी करते हैं और जब वे इस बागवानी के बारे में लोगों से चर्चा करते हैं तो उनका चेहरा खुशी से चमक उठता है। ऐसे ही एक व्यक्ति का कहना है कि जैसे माली फूल और पौधों को बढ़ाता है, संवारता है वैसे ही मैं भी शब्दों को बढ़ाता हूँ और उनके पर्यायवाची शब्द या अर्थ के निकट पहुँचाने वाले शब्द बैठाता हूँ। जब कभी नए शब्दों को अपने दिमाग में जमाना चाहता हूँ तो उसका सही अर्थ जानने के लिए शब्दकोष की छानबीन करता हूँ। इस कार्य में मुझे खुशी मिलती है आनन्द आता है।

एक व्यक्ति निराश था, दुखी था, जीवन के प्रति उसका सोच नकारात्मक था। समय उससे काटे नहीं कटता था। एक दिन उसके मन में शब्दों के माध्यम से मन बहलाने का विचार आया। अपने विचार को कार्यरूप में परिणत करने के लिए उसने नोटबुक और कलम उठाई। सर्वप्रथम उसने प्रसन्नता शब्द लिखा फिर उसके पर्यायवाची शब्द या अर्थ में नजदीकी शब्दों को बैठाने लगा। जैसे– प्रसन्नता, प्रफुल्लता, उल्लास, हर्ष, खुशी, जिंदादिली, सुहावनापन, आनन्द, आशा, उत्साह आदि।

उसने जब प्रसन्नता और इसके निकटवर्ती शब्दों को ऊँची आवाज में पढ़ा और फिर सोचने लगा कि इन शब्दों में से प्रत्येक शब्द का अर्थ यदि उसके जीवन में उतर जाए तो कैसा लगेगा– ऐसा सोचकर ही उसका चेहरा चमक उठा और धीरे–धीरे जीवन के प्रति नकारात्मक सोच, निराशा और दुःख दूर होता गया। उसकी नोटबुक में शब्दों की संख्या बढ़ती गई।

बुद्धिमता – समझदारी, तर्कशक्ति, ज्ञान, अध्ययन, सावधानी, विज्ञता, सतर्कता, अक्लमंदी।

उदारता – विपुलता, प्रचुरता, उच्चता, शुभचिंतन, सहानुभूति, दया, त्याग।

प्रार्थना – प्रेम, चिंतन, समर्पण, गुणगान, अपनापन, ध्यान।

धीरज – सहनशीलता, संतुलन, सुस्थिरता, संवेदनशीलता।

शांति – संतोष, गंभीरता, निश्चलता।

ईमानदारी – विश्वास, उच्चता, वफादारी, सत्यता, यथार्थवादिता।

स्वास्थ्य – तेजस्विता, शक्ति, पूर्णता, क्रियाशीलता, मजबूती, जोर, जीवन–शक्ति, कठोर जीवन, प्रवाह।

'ऊँ' शब्द का उच्चारण बढ़ाए सकारात्मकता

प्रज्ञा घिल्डियाल, योग थेरेपिस्ट का कहना है कि 'ऊँ' शब्द बड़ा प्रभावशाली है। इसके उच्चारण के कई लाभ हैं।

1. स्मरण शक्ति और ध्यान लगाने की क्षमता में सुधार होता है। क्रोध नियंत्रण में मदद करता है।
2. इसके उच्चारण से जो कंपन होता है वह शरीर को पूरी तरह से शुद्ध रखता है।
3. शरीर में ऑक्सीजन का स्तर बढ़ाने में भी इसका उच्चारण मददगार होता है।
4. हॉर्मोन को संतुलित करने में सहायक होता है।
5. इससे सकारात्मकता बढ़ती है, कार्य क्षमता में भी बढ़ोत्तरी होती है।

शब्दों की बागवानी सकारात्मक ऊर्जा स्त्रोत

शब्दों की बागवानी का एक नमूना यह भी है जो whatsapp से प्राप्त हुआ किन्तु रचनाकार का नाम मालूम नहीं हो सका।

शब्द रचे जाते हैं,
शब्द गढ़े जाते हैं,
शब्द मढ़े जाते हैं,
शब्द लिखे जाते हैं,
शब्द पढ़े जाते हैं,

शब्द बोले जाते हैं,
शब्द तौले जाते हैं,
शब्द टटोले जाते हैं,
शब्द खंगाले जाते हैं,
...इस प्रकार
शब्द बनते हैं,
शब्द संवरते हैं,
शब्द सुधरते हैं,
शब्द निखरते हैं,
शब्द हंसाते हैं,
शब्द मनाते हैं,
शब्द रूलाते हैं,
शब्द मुस्कुराते हैं,
शब्द खिलखिलाते हैं,
शब्द गुदगुदाते हैं,
शब्द मुखर हो जाते हैं
शब्द प्रखर हो जाते हैं
शब्द मधुर हो जाते हैं

मुहावरों की बागवानी का एक नमूना - मदन मोहन बाहेती, 'घोटू' गाजियाबाद

मुहावरों को चुनने में मुझे जो आनन्द आता है, प्रसन्नता मिलती है वह किसी माली को गुलदस्ते सजाकर भी क्या आती होगी। मुहावरें में अच्छे लेखकों की पुस्तकें तथा पत्र–पत्रिकाओं से चुनता हूँ। इसी प्रकार में अपने इकट्ठे किए शब्दों पर विचार करता हूँ और उनमें खो जाता हूँ।

इससे मुझे जो सकारात्मक ऊर्जा मिलती है उससे सभी मानसिक समस्याएँ, समस्याएँ नहीं रहती, वे अपने आप ही दूर हो जाती है। मेरे द्वारा की गई मुहावरों की बागवानी का एक नमूना –

ये मुहावरे, बड़े बावरे, इनका खेल समझ ना आता
किन्तु रोजमर्रा के जीवन से है इनका गहरा नाता

अगर दाल में कुछ काला है तो वह साफ नजर आता है
थोड़ी सी असावधानी से, गुड़ का गोबर जाता है।
कई बार हम पहाड़ खोदते, चूहा मगर निकल आता है
चूहे को चिन्दी मिल जाती, तो बजाज वो बन जाता है
किस्मतवाले कुछ अंधों के हाथ बटेर जब लग जाती है
अंधा अगर रेवड़ी बांटे, अपनों को ही मिल पाती हैं
कोई उंगली पकड़ कर पहुंचे तलक पहुंच जाते हैं
कोई छेद उसी में करते जिस थाली में वो खाते हैं
कई बार कंगाली में भी, आटा गीला हो जाता है
छोटी–छोटी बात भले पर, गागर में सागर भर आता
ये मुहावरें बड़े बावरे, इनका खेल समझ ना आता।

मित्रों, शब्दों और मुहावरों की बागवानी में न तो कभी अधिक वर्षा का डर रहता और न धूप का यह बागवानी कहीं भी की जा सकती है। तो फिर श्री मदन मोहन बाहेती 'घोटू' एवं अन्य लोगों की तरह आप भी शुरू कीजिए। फिर देखिए आपको कितना आनन्द आवेगा और कितनी सकारात्मक ऊर्जा मिलेगी।

❍

15.

रोना आए तो रोको मत, रो लेने दो

रोना कई प्रकार की बीमारियों से बचाता है यह कई प्रकार की तंत्रिका रोगों की दवा है, साथ ही भावनात्मक रूप से हमें सकारात्मक शक्ति प्रदान करता है।

– थामस ए स्टोन
क्योर बाय क्राइंग-पुस्तक के लेखक

जन्म लेते ही बच्चा रोना शुरू कर देता है। यह उसकी स्वाभाविक क्रिया है। यदि उस समय वह नहीं रोता, तो उसे रूलाने की कोशिश की जाती है ताकि उसकी मांस पेशियों का संचालन ठीक प्रकार से हो सके। इससे फेफड़ों की आवश्यक कसरत हो जाती है। अब मनोचिकित्सकों ने अनेक वर्षों के अध्ययन एवं अनुसंधान से यह सिद्ध कर दिया है कि "हँसने की तरह रोना भी एक स्वास्थ्यवर्द्धक टॉनिक है।" यह जानकर आपको जरूर कुछ अटपटा लगेगा लेकिन सत्य है। आप किसी कारण टेंशन में हैं और आप रो लेते हैं तो आपको नींद अच्छी आयेगी। इसका सबसे बड़ा उदाहरण है – बच्चों का जो रोने के बाद सो जाते हैं अथवा यों कहें कि वे सोने के लिए रोते हैं।

मुंशी प्रेमचन्द का कथन है– रूदन में कितना उल्लास, कितनी शान्ति, कितना बल है, जो कभी एकांत में बैठकर किसी की स्मृति, किसी के वियोग में सिसक–सिसक और बिलख–बिलख नहीं रोया वह जीवन के ऐसे सुख से वंचित है, जिस पर सैकड़ों हंसियाँ न्यौछावर हैं। उस मीठी वेदना का आनन्द उन्हीं से पूछो जिन्होंने यह सौभाग्य प्राप्त किया है। रूदन के पश्चात् एक नवीन स्फूर्ति, एक नवीन जीवन, एक नवीन उत्साह का अनुभव होता है।

सुप्रसिद्ध शायर फिराक गोरखपुरी ने रोने के बारे में क्या खूब कहा है –

एक उम्र पड़ी है सब्र भी कर लेंगे।
इस पल तो जी खोल कर रो लेने दो।।

सकारात्मक नजरिया

आज की जटिल एवं तनावग्रस्त जीवन पद्धति में आंसुओं की महत्ता एवं उपयोगिता के संबंध में अमेरिका के डॉ. जेम्स बाँड ने अपने कई वर्षों के अनुसंधान के आधार पर यह निष्कर्ष निकाला है कि यदि पुरूष कभी–कभी रो लिया करें तो उनके स्वास्थ्य में काफी सुधार हो सकता है। क्योंकि मनुष्य ही एक ऐसा संवेदनशील प्राणी है जो मानसिक आघातों से त्रस्त होकर आंसू बहा सकने में समर्थ है।

रोना एक निश्छल भाव है। कई अध्ययनों से यह बात सामने आई है कि जो लोग सहज भाव से रोते हैं, वे अधिक स्वस्थ्य रहते हैं और उनका जीवन के प्रति नजरिया भी सकारात्मक रहता है। विशेषज्ञों का यहाँ तक कहना है कि रोने से दिमाग में पूर्व निर्मित नकारात्मकता आंसुओं के साथ बाहर निकल जाती है और उसके स्थान पर सकारात्मकता का प्रवेश होता है।

स्त्रियों की लम्बी आयु और कम हृदय रोगी होने का राज

अमेरिका के एक प्रसिद्ध मनोचिकित्सक डॉ. विलियम ब्रियान के अनुसार अमेरिका के पुरूष से वहाँ की स्त्रियों की लम्बी आयु का रहस्य रोना ही है, क्योंकि स्त्रियाँ अपनी पीड़ा व मनोव्यथा को अक्सर आंसुओं के सहारे बाहर निकालती रहती है। डॉ. ब्रियान के कथनानुसार अमरीकी स्त्रियाँ ऐसी फिल्में देखने की बड़ी शौकीन होती हैं, जिनमें रोना आता हो जबकि पुरूष ऐसी फिल्में कम देखते हैं। शायद रो–रो कर वे अपनी आयु बढ़ा लेती है।

भारत में हृदय रोग एवं रक्तचाप से पीड़ित लोगों की संख्या में निरन्तर वृद्धि हो रही है। लेकिन यह वृद्धि पुरूषों की अपेक्षा महिलाओं में बहुत कम है। इसीलिए पुरूषों की तुलना में स्त्रियों में दिल के दौरे के

केस कम ही सुनने में आते हैं क्योंकि स्त्रियाँ रोने के द्वारा अपना दिल हल्का कर लेती है। प्रचलित एक लोकोक्ति "रो लेने दो मन हलका हो जावेगा।" आज पूरी तरह एक वैज्ञानिक सच्चाई बन गई है, इसलिए किसी ने ठीक ही कहा है –

कौन कहता है?
आँसुओं में वजन नहीं होता,
एक आँसू भी झलक जाता है
तो मन हलका हो जाता है।

रोना आए तो रोको मत, रो लेने दो

भावनात्मक आँसू व्यक्ति को उदासी, अवसाद व गुस्से से मुक्त होने के योग्य बनाते है। यही आँसू नकारात्मकता ग्रस्त व्यक्ति को हद से बाहर जाने से भी रोकते हैं। रोने से मन का सारा मैल धुल जाता है। विश्व की प्राचीनतम और पूर्ण वैज्ञानिक चिकित्सा पद्धति आयुर्वेद ने आँसू रोकने से होने वाले रोगों का उल्लेख करते हुए लिखा है कि आंसुओं को रोकने से जुकाम, आँखों व सिर में दर्द, हृदय पीड़ा, अरूचि, चक्कर आना आदि रोग हो जाते हैं।

एक व्यक्ति अपने जीवनकाल में औसतन 60 लीटर आंसू बहाता है। आंसू में सोडियम क्लोराइड होता है जो उसे नमकीन बनाता है। इसके अलावा इसमें प्राकृतिक कीटाणु नाशक, लाइसोजाइम एंजाइम और एंटीबाडीज होते हैं, जो आंखों को संक्रमण से बचाते हैं।

अमेरिका के 'टीचर रिसर्च सेन्टर' में क्राइंग (रोना) थेरेपी पर अध्ययन कर रहे डॉ. विलियम फ्रे का कथन है कि – "चिकित्सा की दृष्टि से कहा जाए तो आंसू हमारे शरीर में एक प्रकार के उत्सर्जक हैं। जिस प्रकार पसीना हमारे शरीर से अत्याधिक नमक बाहर निकालता है,उसी प्रकार आंसू 'टॉक्सिन' (Toxin) बाहर निकालते हैं। आँसू, आँखों को संक्रमण से बचाते हैं। साथ ही उनमें नमी बनाए रखते हैं। यह नमी आँखों को धूल मिट्टी और कीटाणुओं से सुरक्षित रखती है, तनाव को कम करती है और मानसिक रूप से मजबूत बनाती है।

यदि हमें ठीक से आँसू बहाना आ जाए तो हम अपनी कुछ दवाओं से मुक्ति पा सकते है। एक चिकित्सक का कथन है कि "रोने से फेफड़े

खुल जाते हैं, मुँह धुल जाता है, आँखों की कसरत हो जाती है और मिजाज ठीक हो जाता है। यदि रोना आए तो रोको मत।"

आँसू और मुस्कुराहट इस दुनिया की सबसे खूबसूरत जोड़ी है। इन दोनों का एक साथ मिलना मुश्किल है लेकिन जब ये दोनों मिलते हैं वो पल सबसे खूबसूरत होता है।

डॉ. विलियम फ्रे कहते है कि तनाव के साथ कुछ हॉर्मोन हमारे भीतर बढ़ जाते है, जब वे हॉर्मोन आँसू में बह जाते हैं तो इनका स्तर शरीर में कम हो जाता है। इससे हम हलका महसूस करते है। इन्हीं आंसुओं को यदि बहने से रोकते हैं तो ये 'टॉक्सिन' की तरह काम करते हैं और हमारे शरीर की प्रतिरोधन क्षमता को कमजोर बनाते हैं।

सानन्द मुझे खुलकर रोने दो – माखनलाल चतुर्वेदी

राष्ट्रकवि माखनलाल चतुर्वेदी ने रोने के बारे में क्या खूब कहा है–

भाई, छेड़ो मत मुझे खुलकर रोने दो।
यह पत्थर का हृदय आँसुओं से धोने दो।
रहो प्रेम से तुम्हीं, मौज से मंजु महल में,
मुझे दुःखों की इसी झोपड़ी में सोने दो,
कुछ भी मेरा हृदय तुमने न कह पावेगा
किन्तु फटेगा फटे बिना क्या रह पावेगा।
सिसक सिसक सानन्द, मुझे खुलकर रोने दो।

आँसू ईश्वर का उपहार पर न करे इसका दुरुपयोग

स्त्री हो या पुरूष अच्छी तरह रोने से तनाव और दिल के दर्द से मुक्ति मिल जाती है। जब दुःख आता है तो रोना स्वाभाविक है। ईश्वर ने शरीर में यह राहत का तन्त्र दिया है, इसका प्रयोग किया जाना चाहिए। कुछ लोगों का मानना है कि इंसान को अपना दुःख प्रकट नहीं करना चाहिए। आँसू और सुबकियाँ से अपने आपको अभिव्यक्त करना उचित नहीं है। जबकि दुःख को रोकना, इसे दबाना और बोतल में बन्द रखने का मतलब है, हम ईश्वर के दिये हुए उपहार का प्रयोग नहीं कर रहे हैं। लेकिन इतना जरूर है कि इसका जरूरत से ज्यादा उपयोग नहीं करना चाहिए तथा इसकी आदत नहीं डालना चाहिए।

❍

16.

परोपकार-सकारात्मकता का सबसे बड़ा स्त्रोत

"परोपकार की ओर जैसे-जैसे हम बढ़ते है, तो ऐसा प्रतीत होता है, मानों हम इसके द्वारा अमृत तत्व पान कर रहे हों और इससे हमारा जीवन सिंचित हो रहा हो। इससे मन और तन दोनों स्थिर होने लगते हैं।"

- उपनिषद

परोपकार का शाब्दिक अर्थ होता है दूसरों की भलाई। शाब्दिक अर्थ से इतर दार्शनिक दृष्टि से-बगैर किसी प्रतिफल की आशा से परमार्थ की भावना से किया गया हर कार्य परोपकार के अन्तर्गत आता है।

किसी की सेवा, मदद और परहित यानी परोपकार से जो सुख मिलता है वह गहरा और सच्चा होता है। उससे खुशी ही नहीं मानसिक शान्ति भी मिलती है, जो कि एक दुर्लभ एहसास है। जिसकी सभी को तलाश रहती है। शायद इसीलिए परोपकार को धर्म में शामिल किया गया है। दूसरों की मदद करके आपको जो सुख मिलता है, वह न कोरा दार्शनिक कथन है न ही नैतिक शिक्षा का कोरा पाठ। इसका अपना विज्ञान भी है। जब आप किसी की सहायता करते हैं, तो आपके भीतर मनोतृप्ति वाले हारमोन स्त्रावित होने लगते हैं जो आप में सकारात्मक ऊर्जा का संचार करते हैं।

आनन्द का वास्तविक स्वामी तो परोपकार और त्याग है। यदि हम परमार्थ में कुछ करते हैं अथवा किसी के लिये हँसते-हँसते कष्ट झेलते हैं तो हमारी आत्मा में कैसा मधुर, सुखकर, शंखनाद सा होता है, कितना

आनन्द आता है। तब उस सुख के सम्मुख सांसारिक सुख किस खेत की मूली है। इसे आत्मिक आनन्द कहते है। यह चिरस्थायी कल्याणकारी तथा सदैव सुखकर होता है।

परोपकार करना अजनबी व्यक्ति को एक घाटे का सौदा प्रतीत हो सकता है, पर जिन्हें परोपकार करने का अनुभव है, वे जानते हैं कि ईश्वरीय वरदान की तरह यह दिव्य गुण कितना शांतिदायक है और हृदय को कितना बल व मन को कितनी सकारात्मक ऊर्जा प्राप्त होती है। उपकारी मनुष्य जानता है कि मेरे कार्यों से जितना लाभ दूसरों को होता है, उससे कई गुना अधिक लाभ स्वयं मेरा होता है।

स्नान तन को, ध्यान मन को,
दान धन को, योग जीवन को,
प्रार्थना आत्मा को, व्रत स्वास्थ्य को
क्षमा रिश्तों को और परोपकार
किस्मत को शुद्ध कर देता है।

परोपकार में छिपी सकारात्मकता की मिठास

परोपकार, त्याग, किसी की कुछ मदद करना उधार देने की वैधानिक पद्धति है, जो कुछ दूसरों को देते हैं, वह हमारी रक्षित पूंजी की तरह परमात्मा के कोष में जमा हो जाता है। जो अपनी रोटी दूसरों को बांटकर खाता है, उसको किसी बात की कमी नहीं रहती। जो केवल खाना और जमा करना ही जानता है, उस अभागे को क्या मालुम होगा कि त्याग में कितनी सकारात्मकता की मिठास छिपी रहती है।

उपनिषद् कहते हैं कि जैसे–जैसे हम परोपकार की ओर बढ़ते हैं, तो ऐसा प्रतीत होता है मानों हम इसके द्वारा अमृत तत्व दान कर रहें हों और इससे हमारा जीवन सिंचित हो रहा हो। इससे मन, तन दोनों स्थिर होने लगते हैं। भगवान गीता में कहते हैं कि परोपकार से अधिक तो कुछ हो ही नहीं सकता।

गोस्वामी तुलसीदास ने भी परोपकार यानी परहित को धर्म कहा है –

परहित सरिस धरम नहिं भाई,
पर पीड़ा सम नहिं अधमाई।

परहित सबसे बड़ी मानवता

सच्चा मनुष्य वही है, वही वैष्णव है, वहीं संत है, वही महान है जो पराई पीर यानी दुःख को जानता है। जो पराई पीर नहीं जानता, जिसके हृदय में दूसरों के कष्ट से कोई दुःख उत्पन्न नहीं होता, वह मनुष्य ही नहीं है, वह मानवता विहीन नितान्त पशु है।

भगवान श्रीकृष्ण से जब अर्जुन ने पूछा कि आपकी सेवा का वास्तविक स्वरूप क्या है? तब श्रीकृष्ण ने उत्तर दिया – गरीबों की, दीन–दुखियों की, अपाहिजों–लाचारों की सेवा ही मेरी सच्ची सेवा है। उनके करूण क्रन्दनयुक्त वचन सुनना ही मेरी वाणी सुनना है। उनके योग्य सभी साधन उन्हें अर्पण करना ही मुझे अर्पण करना है।

एक सच्ची सेवा का महत्व समझने वाला व्यक्ति कहता है – "हे प्रभु! न तो मैं राज्य का अभिलाषी हूँ , न मैं स्वर्ग चाहता हूँ और न मुझे पुनर्जन्म की इच्छा है। मेरी तो एक ही कामना है कि मुझे दुःख से पीड़ित प्राणियों के दुःख–दर्द को दूर करने की शक्ति प्रदान हो।"

ईसा मसीह कहा करते थे, जो व्यक्ति गरीबों, असहायों की सेवा करता है वह परमात्मा की सेवा करता है।

बहू ने दी ससुर को परोपकार की सीख

एक सेठ था, वह दान, पुण्य के लिए हर रोज भण्डारा किया करता था। गरीबों को खाना खिलाया जाता था। एक दिन सेठ जी भोजन करने बैठे तो बहू ने उन्हें उसी आटे की रोटी परोस दी जिस आटे से भण्डारा चलता था।

सेठ ने समझा कि बहू ने कोई नया पकवान बनाया है, लेकिन जैसे ही मुँह में पहला कौर डाला तो मुँह बनाया। कौर हलक के नीचे नहीं गया। कौर को थूक दिया और बहू से बोला –

"यह आटा कहाँ से आया था? क्या घर में बढ़िया आटा नहीं था?"

बहू बोली, "आटा तो बहुत है बाबू जी, लेकिन मैंने सोचा कि भण्डारे की रोटी जिस आटे से बनती है, उसी आटे से घर की रोटी भी बनाई जाए।"

सेठ बोला, "बहू, वह आटा तो अनाज के गोदाम के सड़े–गले अनाज का होता है। वह गरीबों के खाने के लिए होता है, हमारे लिए नहीं।

वह बोली "बाबूजी, आप ठीक कहते हैं लेकिन मुझे एक संत ने बताया कि परलोक में परोपकारी को वही खाना मिलता है जो वह गरीबों को खिलाता है। इसलिए मैंने सोचा कि वहाँ आपको जब इसी तरह की रोटी खाने को मिलेगी तो फिर अभी से इसे खाने की आदत आपको क्यों न हो जाये।

महादानी - साहित्यकार सूर्यकान्त त्रिपाठी 'निराला'

हिन्दी साहित्य के मूर्धन्य साहित्यकार पण्डित सूर्यकान्त त्रिपाठी 'निराला' एक अत्यन्त उदार और सरल हृदय व्यक्ति थे। वे स्वयं सम्पन्न नहीं थे, किन्तु संकटग्रस्त को देखकर अंतिम सीमा तक जाकर उसकी मदद करते थे। एक बार निराला जी को अपने एक प्रकाशक से रुपये लेने थे। वे इलाहाबाद के उस प्रकाशक के कार्यालय पर रुपये लेने पहुँचे। प्रकाशक से उन्हें लगभग तीन सौ रुपये मिले। उन्होंने रुपये संभालकर अपनी जेब में रखे और दरियागंज की ओर चल दिए, जहां उनका घर था।

निराला अपनी मस्ती में पैदल चले जा रहे थे। तभी इलाहाबाद के आलोपी बाग चौराहे पर एक भिखारिन वृद्धा उनके सामने आकर बोली, 'बेटा! इस भूखी–प्यासी भिखारन को कुछ दे दो।' निराला जी रूक गए और उससे पूछने लगे, तुम मुझे यह बताओ कि तुम्हें कितने पैसे मिल जाएं तो तुम भीख मांगना छोड़ दोगी?' भिखारन हैरान सी खड़ी निराला जी का मुंह देखने लगी। उसे लगा कि मजाक कर रहे हैं। थोड़ी सी देर बाद बोली– 'बेटा क्यों हंसी–मजाक करते हो? तब निराला ने गंभीर होकर कहा, मैं हंसी नहीं कर रहा हूँ। तुमने मुझको बेटा कहा है और निराला की माँ भीख नहीं मांग सकती। यह कहते हुए निराला जी ने अपनी जेब में रखे सारे पैसे भिखारन को दे दिए और आगे बढ़ गए। भिखारन उन्हें अचरज से देखती रह गई। निराला जी के लिए यह बहुत बड़ी बात थी।

निराला जी अपना पूरा समय ध्यान मग्न होकर उत्तम साहित्य सृजन करने में लगाते थे। लम्बे समय तक उन्हें समझा नहीं गया और वे उपेक्षा के शिकार हुए। जो अपना पेट काट कर दान करें, वह महादानी होने का

यश पाता है और उसके लिए दान करने से प्राप्त आत्मिक सुख सुकून ही उसकी सबसे बड़ी कमाई है।

परोपकार सबसे बड़ा धर्म

एक राजा हर समय विद्वानों और महात्माओं से घिरे धर्म चर्चा में लगे रहते थे। वह अपनी जिज्ञासा शांत करने के लिए उनसे प्रश्न पूछते, बहस करते। कोई विद्वान कर्मकाण्ड को ही धर्म बताता तो कोई व्रत–उपवास को। कोई पुराणों की कथा सुनाकर राजा को संतुष्ट करने का प्रयास करता तो कोई किसी और तरीके से। पर राजा की जिज्ञासा शांत न होती। इतनी धार्मिक कथाओं ने भी उनके मन को बोझिल कर दिया था। वे सत्य–ज्ञान के लिए व्याकुल हो रहे थे।

एक दिन राजा को सूचना मिली की बाबा कर्णवास आए हैं। राजा उनके पास पहुँचे। राजा ने कहा– "बाबा मैं विद्वानों और संतों से घिरा हुआ हर समय धर्म की चर्चा में लीन रहता हूँ फिर भी मन अशांत रहता है।"

बाबा ने कहा– "परोपकार सबसे बड़ा धर्म। उसी में मन लगाओ। तभी सच्ची संतुष्टि मिलेगी। सिर्फ धर्म चर्चा करने से कुछ नहीं होगा।"

स्वामी विवेकानन्द ने परोपकार के बारे में पुस्तक 'कर्मयोग' में लिखा है – हमें सदैव परोपकार करते रहना चाहिए। एक दाता के ऊँचे आसन पर खड़े होकर और अपने हाथ में दो पैसे लेकर यह मत कहो कि 'हे, भिखारी! ले यह मैं तूझे देता हूँ? तुम स्वयं इस बात के लिए एहसानमंद रहो कि तुम्हें वह निर्धन व्यक्ति मिला जिसे दान देकर तुमने स्वयं अपना उपकार किया। धन्य पाने वाला नहीं देने वाला होता है।

साधनों के अनुरूप देते रहिए

प्रत्येक व्यक्ति को अपने साधनों के अनुरूप दान देते रहना चाहिए। इससे जो सकारात्मकता यानी खुशी, आत्मसंतोष और आत्म शांति मिलती है उसे मापा नहीं जा सकता। यह प्रकृति का नियम है, जो देता है वही पाता है, जो नहीं देता उसे प्राप्त भी नहीं होता।

जॉन राकफेलर अमेरिका के बहुत बड़े उद्योगपति थे। उन्होंने कहा था कि मैंने इतना पैसा इसलिए कमाया क्योंकि मुझमें लोगों को मदद करने का जज्बा है। मैंने लोगों को दिया इसलिए मुझे मिला। यदि मैं

सही तरीके से दान करना बंद कर दूँ तो ईश्वर मुझसे पैसा वापिस ले लेंगे।

दुनिया के महानतम धनी बिल गेट्स और वॉरेन बफैट बड़ी उदारता से अपने धन के अधिकांश हिस्से का उपयोग चैरिटी फण्ड्स के माध्यम से असहायों को साधन सुलभ करवाने में कर रहे हैं।

इंफोसिस के चेयरमेन नन्दन नीलकेणी व उनकी धर्मपत्नी रोहिणी ने अपनी 11062 करोड़ रुपये की सम्पत्ति के आधे भाग को दान में देने की घोषणा की है।

जमशेद जी टाटा की मृत्यु 19 मई 1904 में हुई। मृत्यु के 117 वर्ष बाद भी दुनिया के सबसे बड़े दानदाता घोषित हुए हैं। वर्तमान समय के हिसाब से 7600 लाख करोड़ रुपये दान करके हरून रिसर्च–एडेलगिव फाउंडेशन की सूची में शीर्ष पर हैं।

याद रखिए खुद पर खर्च करने की बजाय दूसरों पर खर्च करने से ज्यादा सकारात्मकता मिलती है। यह निष्कर्ष है ब्रिटिश कोलंबिया यूनिवर्सिटी और हार्वर्ड बिजनेस स्कूल के प्रोफेसरों द्वारा किए अध्ययन का। यह स्टडी कनाडा, दक्षिण अफ्रीका और भारत में की गई थी।

परोपकार, सेवा, त्याग और निस्वार्थ प्रेम व्यवहार को अपनी प्रमुख नीति बना लेने से आपका जीवन आनन्द से परिपूर्ण हो जाता है। सेवा से संतुष्ट हुए अनेक लोगों का आशीर्वाद, सद्भाव, शुभ संकल्प देवताओं की भांति पुष्पवृष्टि करते रहते हैं ऐसा सेवा भावी मनुष्य ही अनुभव करता है। जीवन का अमरफल उसी को प्राप्त होता है जो स्वयं की अपेक्षा परमार्थ को अधिक महत्व देता है।

❍

17.

सकारात्मकता से पाएँ हर समस्या का समाधान

सकारात्मक सोच विपरीत हालात में भी धैर्य, शान्ति और विवेक बनाए रखती है। यह 'सोच' स्वयं के द्वारा स्वयं को दिया सर्वोच्च वरदान है। यह देवों के वरदान से भी कहीं ज्यादा अनूठा और अनमोल है।

– डेल कारनेगी

हम जो सोचते हैं वैसे ही बन जाते हैं। आकर्षित करने का नियम कहता है कि हम जो भी सोचते हैं उसे अपने जीवन में आकर्षित करते हैं, फिर चाहे वह चीज अच्छी हो या बुरी। अगर कोई सोचता है कि वह हमेशा परेशान रहता है, बीमार रहता है और उसके पास पैसों की कमी रहती है तो असल जिन्दगी में भी ब्रह्माण्ड घटनाओं को कुछ ऐसा सेट करता है कि उसे अपनी जिन्दगी में परेशानी, बीमारी और आर्थिक तंगी का सामना करना पड़ता है।

वहीं दूसरी ओर अगर वह सोचता है कि वह खुशहाल है, स्वस्थ्य है और उसके पास पर्याप्त पैसे हैं तो आकर्षित करने के नियम के कारण असल जिन्दगी में भी खुशहाली, अच्छी सेहत और समृद्धि देखने को मिलती है।

सकारात्मक सोच कितनी जरूरी है

"हम वो हैं जो हमारी सोच ने बनाया है, इसलिए इस बात का ध्यान रखिए कि आप क्या सोचते हैं, शब्द गौण हैं, विचार रहते हैं, वे दूर तक

यात्रा करते हैं।" जो लोग आकर्षित करने का नियम मानते हैं वे समझते हैं कि सकारात्मक (Positive) सोचना कितना जरूरी है, वे जानते हैं कि हर एक नकारात्मक (Negative) सोच हमारी जिन्दगी को सकारात्मकता से दूर ले जाती है और हर एक सकारात्मक सोच जीवन में खुशियाँ लाती है। किसी का कथन भी है "अगर इंसान जानता कि उसकी सोच कितनी शक्तिशाली (Powerful) है तो वो कभी निगेटिव नहीं सोचता।"

सुख, शान्ति और सफलता के साथ यदि हमें अपनी जीवन यात्रा पूरी करना है, तो हमें एक नया नजरिया एवं नया दृष्टिकोण, देखने और सोचने का नया अंदाज, नई मानसिकता अपनानी होगी।

हमारा नजरिया या सोच हमारी भावनाओं, आसपास की घटनाओं और परिस्थितियों को देखने के तरीके और दृष्टिकोण से मिलकर बनता है। हम जो भी करते हैं और जीवन में होने वाली घटनाओं के प्रति जैसी प्रतिक्रिया करते हैं, उसी के आधार पर नजरिया बनता है।

नजरिया हमारी सफलता या असफलता में निर्णायक तत्व है। नजरिया उन परिणामों को प्राप्त करने का महत्वपूर्ण तत्व है जो आप जीवन में अपने लिए चाहते हैं। यह वह कुंजी है, जो आपकी अद्‌भुत मशीन को चालू रखती है और उसे सक्रिय बनाती है।

नजरिया तथ्यों से ज्यादा महत्त्वपूर्ण

हमारे जीवन में कई बार कुछ ऐसी परिस्थितियाँ होती है, जिन्हें हम बदल नहीं सकते। बहरहाल हमारे नजरिये तथ्यों की तुलना में ज्यादा महत्वपूर्ण है। इतिहास में ऐसे कई उदाहरण हैं जब लोगों ने अपनी कमियों या विकृतियों को दरकिनार कर जीवन को सार्थक बनाया।

नेत्रहीन कवि मिल्टन का नजरिया उन लोगों से भिन्न था जो विकलांगता को अभिशाप मानकर नैराश्य में डूब रोते–कलपते रहते हैं और भाग्य को कोसते रहते हैं। वे कहते – "65 इंच लम्बे–चौड़े शरीर में आँखों की 2 इंच की कमी से पूरे शरीर को अनुपयोगी ठहराना कहां की बुद्धिमानी है? वे पूरे जीवन ज्ञान साधना में लगे रहे। ऐसे सकारात्मक विचारों के कारण ही विश्वविख्यात कवियों की श्रेणी में मिल्टन का नाम आज भी गौरव और आदर के साथ लिया जाता है।

स्टेवी वंडर दृष्टिहीन पैदा हुए थे, परन्तु उनका नजरिया था "तो इससे क्या फर्क पड़ता है? मैं इस बात को महान बनने की राह में बाधा नहीं बनने दूँगा।"

स्पंड वेल नाटे थे, परन्तु उनका नजरिया यह था कि जहाँ वे जा रहे थे, वहाँ तक जाने में वे अपने कद को बाधा नहीं बनने देंगे। उन्होंने नेशनल बास्केट बॉल एसोसियेशन की डंक प्रतियोगिता जीती।

हेलेन केलर मूक, बधिर और नेत्रहीन थी, इसके बावजूद भी उन्होंने इसके लिए न ईश्वर को दोष दिया और न ही उन्हें अपने जीवन से कोई शिकवा शिकायत रही। होनी को सहज रूप से स्वीकार करते हुए उन्होंने अपनी ज्ञान शक्ति इतनी विकसित कर ली थी कि, वे अपने परिचितों को व्यक्तिगत गंध से पहचान लेती थी। केवल दो ज्ञानेन्द्रियों के बल पर उन्होंने दुनिया को यह सोचने पर विवश कर दिया कि दृढ़ इच्छा शक्ति से क्या कुछ नहीं पाया जा सकता। उन्हीं के शब्दों में – "ईश्वर एक दरवाजा बंद करता है दूसरा खोल देता है।"

दोस्तों, आपके जीवन में भी कुछ ऐसे तथ्य होते हैं जिन्हें बदला नहीं जा सकता, परन्तु आपका नजरिया उन तथ्यों को पार कर सकता है। आप महान कार्य कर सकते हैं।

सकारात्मक सोच वाला हर परिस्थिति में खुश - दिलचस्प उदाहरण

1. एक व्यक्ति नाटा था। वह अपने नाटेपन से बड़ा दुःखी था। एक संत ने पूछा तुम्हारा दुःख क्या है? उसने अपना दुःख बताया। संत ने कहा अपना नजरिया बदलो, इस दुःख में से सुख खोज लो तो तुम्हारा दुःख जाता रहेगा। उसने कहा कैसे? संत ने कहा–तुम सोचो! दुनिया का कितना भी बड़ा आदमी हो वह मेरे सामने सिर झुकाकर बात करेगा और मैं सिर उठाकर बात करूँगा। याद रखना– व्यक्ति कद से नहीं, विचारों से बड़ा होता है।
2. किसान ने बीज बोया। वर्षा कम हुई, अतः फसल पूरी न आई। कुल मिलाकर उसे उतना ही अनाज मिला, जितना उसने बोया था। इसके बावजूद भी वह खुश था। लोगों ने उससे खुशी का राज जानना चाहा तो उसने कहा कि मुझे इस बात का दुःख नहीं है कि

मुझे कुछ नहीं मिला बल्कि मुझे इस बात की खुशी है कि मैंने कुछ नहीं गंवाया।

3. दो मित्र बातें कर रहे थे। एक बोला– कैसा कलयुग है। चारों ओर अंधेरा ही अंधेरा है। दो काली रातों के बीच केवल एक उजला दिन आता है। तभी दूसरे ने कहा– नहीं ऐसी कोई बात नहीं है। दो, उजले दिनों के बीच केवल एक ही तो अंधेरी रात आती है। परिस्थिति एक ही है मगर दोनों के नजरिये में कितना फर्क है।
4. पैर से अपाहिज एक भिखारी सदैव प्रसन्न रहता और खुश रहता था। किसी ने पूछा– अरे भाई! तुम भिखारी हो, लंगड़े भी हो, तुम्हारे पास कुछ भी नहीं है। फिर भी तुम इतने खुश रहते हो। क्या बात है? वह बोला–बाबूजी ! भगवान का शुक्र है कि मैं अंधा नहीं हूँ। भले ही मैं चल नहीं सकता, पर देख तो सकता हूँ। मुझे जो नहीं मिला–उसके लिए ईश्वर से कभी कोई शिकायत नहीं करता। बल्कि जो मिला है उसके लिए धन्यवाद जरूर देता हूँ।

समस्याएँ और आपका नजरिया

1. केवल आप ही समस्याओं से ग्रस्त हैं, त्रस्त हैं, ऐसा आप मत सोचिए। अपने आसपास के वातावरण में झांकने का प्रयत्न कीजिये, आप पाएंगे कि अनेक व्यक्ति आपसे भी बड़ी और अधिक समस्याओं से जूझ रहे हैं– जब आप अपने आसपास के व्यक्तियों की समस्याओं को देखने, जानने एवं उन पर गौर करने का यत्न करेंगे तो यह दृष्टिकोण आपको बेहतर महसूस करने का प्रयास करेगा तथा आप अपनी समस्याओं एवं स्थिति को सही परिप्रेक्ष्य में देखने का प्रयास करेंगे।
2. अपने ऊपर आपकी पूर्व धारणाओं, पूर्वाग्रहों को हावी मत होने दीजिये, पूर्व धारणाओं का परिणाम मात्र भेड़चाल से अधिक कुछ नहीं होता, पूर्व धारणाएँ वास्तविक परिस्थितियों का अवलोकन करने में बाधाएँ उत्पन्न करती हैं।
3. अपनी समस्याओं को अन्य लोगों के दृष्टिकोण से तथा अन्य लोगों की समस्याओं का अपने दृष्टिकोण से देखने का प्रयत्न कीजिए, यह

दृष्टिकोण आपकी समस्या समाधान में विशेष सहायक सिद्ध होगा तथा आप समस्याओं को सुगमता से एवं कुशलता से सुलझाने में सफल हो सकेंगे।

अपनी प्रत्येक गलती, प्रत्येक असफलता के लिए, अन्य लोगों पर ही दोषारोपण मत करते रहिए। ऐसा दोषारोपण आपको अपनी कमजोरियों को दूर करने, उनमें सुधार करने के अवसरों से वंचित कर देता है। ऐसा इसलिए कि ऐसा दोषारोपण कर आप अपने उत्तरदायित्व से मुक्त होने का यत्न करते हैं तथा अधिकांश प्रयासों में सफल भी हो जाते हैं। अतः आप असफलताओं के वास्तविक कारण का पता लगाइए, उसका विश्लेषण कर उसे दूर करने का प्रयत्न कीजिये।

हर व्यक्ति के पास समस्याएँ होती हैं

दुनिया में कोई भी व्यक्ति समस्याओं से मुक्त नहीं है। समस्या विहीन जीवन एक भ्रम है – रेगिस्तान की मृग मरीचिका है। एक छलावा है, जो हमें दिग्भ्रमित कर सकता है, अंधा कर सकता है और भटका सकता है।

समस्या विहीन जीवन के पीछे भागना एक काल्पनिक फंतासी का पीछा करना है। यह हमारी शारीरिक और मानसिक क्षमता की बर्बादी है। हर जीवित व्यक्ति के पास समस्याएँ होती है।

किसी ने क्या खूब कहा है– समस्या विहीन जीवन है तो ऐसे ही निकल जायेगा। 'आप जिन्दा है' का एहसास भी न हो पायेगा।

हर समस्या का समय सीमित होता है

आपके पास समस्याएँ हैं, तो वे गुजर जायेगी, लम्बे समय तक नहीं रहेंगी। इतिहास बताता है कि हर समस्या की जीवन अवधि होती है। कोई भी समस्या स्थायी नहीं होती। आपकी भी समस्याएँ हमेशा जीवित नहीं रहेगी, परन्तु आप रहेंगे। तूफान के बाद हमेशा–सूरज निकलता है। जाड़ा हमेशा पिघलकर बसंत में बदल जाता है। आपके गम का तूफान गुजर जायेगा। आपका जाड़ा पिघल जायेगा। आपकी समस्या सुलझ जाएगी। एक पुरातन फिल्मी गीत इस बात से आपको आश्वस्त कर रहा है –

"गम की अंधेरी रात में दिल को न बेकरार कर,
सुबह जरूर आयेगी, सुबह का इन्तजार कर।

सकारात्मक सोच अत्यन्त विपरीत हालात में भी मृत्यु से बचाए

डेनियल डेफॉ के एक प्रसिद्ध उपन्यास 'रोबिन्सन क्रूसो' का एक प्रसंग है कि समुद्री यात्रा पर निकला पानी का एक जहाज डूब जाता है। इसका नायक किसी तरह खुद को बचा तो लेता है, लेकिन अन्ततः एक रेतीले द्वीप पर फंस जाता है। अब वहां उसके सामने जिन्दा रहने की चुनौती खड़ी थी। ऐसे संकट के समय आमतौर पर लोग निराश होकर अपने होशोहवास खो देते हैं, लेकिन नायक ने खुद को शान्त रखा और धैर्य के साथ द्वीप पर उसने दो सूचियाँ बनायी। एक को उसने 'अच्छी' का नाम दिया और दूसरी को 'बुरी' का। उसने अपनी अवस्था के बारे में सोचा और उसके साथ जो कुछ हो रहा था, उसे लिखकर एक या दूसरी सूची में डालने लगा। उसने लिखा, "मैं इस सुनसान द्वीप पर फंस गया हूँ, जो मेरे लिये बहुत बुरा है, पर ऐसी स्थिति में भी मैं अभी तक जीवित हूँ, यह बहुत अच्छा है। जहाज पर जितने अन्य व्यक्ति थे, वे सभी अपनी जान गंवा बैठे, पर मैं बच निकला।" आगे उसने लिखा, "मैं बिलकुल अकेला हूँ, जो कि बुरा है। पर, मैं भूखा नहीं मर रहा हूँ, जो कि अच्छा है।"

इसी क्रम में उसने आगे लिखा, "मेरे पास कोई कपड़ा नहीं है, जो कि बहुत बुरा है। पर, साथ ही, यहाँ इतनी गर्मी है कि मुझे कपड़ों की जरूरत नहीं है, इसलिये यह अच्छा है।" उसने आगे लिखा है, "जानवरों से अपनी रक्षा करने के लिये मेरे पास कोई हथियार नहीं है, जो कि बुरा है। पर समुद्र के किनारे कोई जंगली जानवर नहीं है, जो कि अच्छा है।"

अन्त में, उसने लिखा, "मेरे पास बात करने के लिये कोई भी नहीं है, जो कि बुरा है। पर, जहाज समुद्र के किनारे के पास खड़ा है और अपनी बुनियादी जरूरतों का सामान मैं जहाज में से ला सकता हूँ, जो कि अच्छा है।"

यह सूची बना लेने के बाद नायक रोबिन्सन क्रूसो यह फैसला करता है कि कोई भी परिस्थिति इतनी खराब नहीं होती, जितना कि हम उसे समझते हैं।

महान विचारक अरस्तु का कथन है कि जब आप किसी हरहराते समुद्र के बीच फंस गए हो और दूर–दूर तक कोई जमीन न दिख रही

हो, तो भी यह नहीं मानना चाहिए कि कहीं किसी द्वीप की सूखी जमीन है ही नहीं।

सकारात्मकता का सबक सीखें श्रीकृष्ण से :-

श्रीकृष्ण से कितना कुछ छूटा
पहले माँ छूटी, फिर पिता छूटे
फिर जो नंद–यशोदा मिले, वे भी छूटे
संगी–साथी छूटे... राधा भी छूटी
गोकुल छूटा, फिर मथुरा छूटी
श्रीकृष्ण से जीवन भर कुछ न कुछ छूटता ही रहा,
नहीं छूटा तो देवत्व, मुस्कान और सकारात्मकता
श्रीकृष्ण दुःख नहीं उत्सव के प्रतीक है।
सब कुछ छूटने पर भी कैसे खुश रहा जा सकता है
श्रीकृष्ण से अच्छा कोई नहीं सिखा सकता।

जैसी नजरें वैसा नजरिया

जब हम संकुचित नजरिये से संसार को देखते हैं तो वह बड़ा संकीर्ण और तुच्छ दिखाई देता है। जब स्वार्थ की दृष्टि से देखा जाता है तब वह स्वार्थग्रस्त दिखता है किन्तु जब उसे उदार और मित्रता की दृष्टि से देखा जाता है तो संसार में हमें मित्रता, उदारता और सज्जनता की भी कमी दिखाई नहीं देती।

एक अनजान व्यक्ति गाँव में पहुँचा, प्रवेश करते ही सर्वप्रथम उसकी भेंट एक वृद्ध से हुई उसने वृद्ध से पूछा क्या इस गाँव के लोग अच्छे और मैत्रीपूर्ण है? वृद्ध ने सीधे उत्तर देने के बदले स्वयं ही अनजान व्यक्ति से प्रश्न किया – "भाई जहाँ से तुम आए हो वहाँ कैसे लोग रहते हैं?"

अनजान व्यक्ति दुःखी और क्रोधित होकर बोला– "बहुत ही दुष्ट, क्रूर और अन्यायी। मेरी सारी परेशानियों के लिए उनके अलावा कोई और जिम्मेदार नहीं।"

अब अजनबी ने प्रश्न किया – लेकिन आपने ऐसा क्यों पूछा?

वृद्ध थोड़ी देर चुप रहा और बोला– भाई मैं स्वयं दुःखी हूँ। यहाँ के लोग भी वैसे ही हैं जैसे कि उस गाँव के लोग जहाँ से तुम आ रहे हो।

थोड़ी देर बाद एक दूसरा राहगीर आया। उसने भी वृद्ध व्यक्ति के पास आकर फिर यही बात पूछी – यहाँ के लोग कैसे हैं?

वृद्ध बोला – भाई पहले तुम यह बता सकते हो कि जहाँ से तुम आ रहे हो वहाँ के लोग कैसे हैं?

इस प्रश्न को सुनकर वह व्यक्ति मधुर स्मृतियों में खो गया। उसकी आँखे प्रसन्नता के आंसुओं से नम हो गई।

उसने कहा – ओह वे बहुत प्रेमी और दयालु हैं, मेरी सारी खुशियों का कारण वही थे। काश मुझे उन्हें कभी ना छोड़ना पड़ता।

वृद्ध बोला – भाई यहाँ के लोग भी बहुत प्रेमी हैं, इन्हें तुम उनसे कम दयालु नहीं पाओगे, ये भी उन जैसे ही हैं।

संसार एक दर्पण है। हम दूसरों में जो देखते हैं, वह अपनी ही प्रतिक्रिया होती है। यदि हम सकारात्मक है भीतर से खुश है तो हमें सारी दुनियां खुश मुस्कुराती दिखेगी। इसलिए सदैव सकारात्मक रहिए हंसते–मुस्कुराते रहिए।

एक विद्वान के अनुसार– "कुछ लोग हमेशा शिकायत करते हैं गुलाब में कांटे होने को मैं हमेशा धन्यवाद देता हूँ कांटो के बीच गुलाब होने का।"

कितना खुशनुमा नजरिया है जो जिन्दगी को भरपूर सकारात्मक ढंग से जीने की प्रेरणा देता है। तो अपनाइए अपना ऐसा आशावादी सोच, जो आपको संबल प्रदान करेगा, मुश्किलों का मुकाबला करने का।

सकारात्मक सोच-हैप्पी रसायन

हर व्यक्ति के दिमाग में हर दिन हजारों विचार उपजते हैं। अगर आप अच्छे यानी सकारात्मक विचारों की खाद डालेंगे तो वे बढ़ेंगे और फालतू अर्थात् नकारात्मक विचार आना बंद हो जायेंगे। हमें अच्छे विचारों के सम्पर्क में रहना चाहिए ताकि हम अगले कदम को सुनिश्चित कर सकें। जो लोग बुरी सोच को बढ़ावा देते हैं। वे चैन से नहीं रह पाते। जो लोग अच्छे विचार पालते हैं, वे खुश रहते हैं। हमारे अन्दर के रसायन खाने से नहीं, बल्कि सोच–विचार से पैदा होते हैं। अच्छे सोच से हैप्पी रसायन बनते है। अगर बार–बार यह सोचा जाए की

कोरोना से कितनी मौतें हुई है तो 'कोर्टिसोल' पैदा होगा, जो हमें चैन से नहीं रहने देगा।

जीवन शैली में बदलाव

हमारी चिंतन व विचार शैली ऐसी बन गई है कि प्रायः हमारे मन में जो पहला विचार आएगा, वह नकारात्मक आएगा। जीवन में हम जितना नकारात्मक होते हैं, उसके कारण उतना ही हमारा मन अस्थिर होता है। जीवन में हम इतने सशंकित क्यों हैं? इतने परेशान क्यों है? इतने उद्विग्न क्यों हैं? यह बात ठीक है कि अपने आप यों ही सब ठीक नहीं होता और सब काम हम नहीं कर सकते, फिर भी जो हम कर सकते हैं, अपने कार्य का प्रारंभ वहाँ से करना चाहिए और अपने मन को सुलझाने की, संवारने की कोशिश करना चाहिए। अगर हमारा मन परिष्कृत होगा, तो हमारा जीवन भी परिष्कृति की ओर आगे बढ़ेगा और हमारे जीवन में सकारात्मक बदलाव आएगा।

नकारात्मक सोच को सकारात्मक सोच में बदलने के लिए हमें अपनी जीवन शैली में थोड़ा सा बदलाव लाने की आवश्यकता होती है। इसके लिए हमें हर काम प्रसन्न रहकर करना चाहिए क्योंकि प्रसन्न रहने से हमारा मन एवं हमारे आसपास का वातावरण हलका होता है और ऐसे वातावरण में कार्य करने से भारी भरकम और बोझिल लगने वाले काम भी रुचिकर लगने लगते हैं।

मानव स्वभाव ही ऐसा है, जो जिन्दगी में जरा भी गड़बड़ी या परेशानी होने पर नकारात्मक सोचने लगता है, घबराने लगता है। इसलिए व्यक्ति को सकारात्मक सोच के दायरे में रहने का अभ्यास करना चाहिए ताकि थोड़ी–सी भी नकारात्मकता उसे प्रभावित न कर पाए।

सकारात्मक सोच की कला व्यक्ति को उस स्पंज की तरह बना देती है, जिससे टकराकर नकारात्मक सोच उसे चोटिल नहीं कर पाती। इसलिए हमें जीवन में अपनी चिंतन शैली, सोच या नजरिया को सदैव सकारात्मक रखना चाहिए।

❍

18.

नकारात्मकता का दरवाजा बंद करें, सकारात्मकता लाएँ

अपने जीवन से सभी नकारात्मक लोगों को बाहर निकाल दें, वे खुद अपना कफन तैयार करते हैं, आप खुद को उनके साथ दफन किए जाने की अनुमति न दें।

– रे. ब्रेडवरी

नकारात्मकता, नकारात्मक विचारधारा, नकारात्मक सोच, नकारात्मक दृष्टिकोण, नकारात्मक प्रवृत्ति आदि किसी भी रूप में हमारे जीवन में प्रवेश कर जाती हैं और वह अपनी जड़े मजबूती से जमाने लगती है, तो हमारे जीवन में इनके कारण अंधकार फैलने लगता है। ऐसे में हमारी जिन्दगी में आगे बढ़ने के मार्ग दिखने बन्द हो जाते हैं। इस नकारात्मकता के कारण कैसी भी परिस्थिति क्यों न हो हमारे लिए भयावह लगने लगती है और हमें जिन्दगी में आगे कदम उठाने में भी भय लगने लगता है।

इस नकारात्मकता के कारण हम अपनी जड़ों को काटने व खोखला करने लगते हैं और दूसरे व्यक्ति की जड़ों को भी काटने की कोशिश करने लगते हैं, यही कारण है कि जब नकारात्मकता व्यक्ति के ऊपर बुरी तरह से हावी हो जाती है तो व्यक्ति जीवन से हताश–निराश हो जाता है, अवसाद के चंगुल में बुरी तरह फंसने लगता है, कभी–कभी इसका भयानक परिणाम यह सामने आता है कि वह अपनी जीवन लीला ही समाप्त कर लेता है।

जब नकारात्मकता हमारे ऊपर हावी हो, तो सकारात्मकता से कैसे जिया जाए? इस संबंध में मैसाचुसेएट्स इंस्टीट्यूट ऑफ टेक्नोलॉजी में

रिसर्चर रही बारबरा फ्रैड्रिक्सन का सुझाव है कि नकारात्मक विचारों से बचने का सबसे अच्छा तरीका है, उनसे ध्यान हटा लेना या अपने आपको 'डिस्टैक्ट' करना। मनोवैज्ञानिक 'डिस्ट्रैक्शन' को विचार प्रक्रिया बदलने में प्रभावी तरीका मानते हैं। इस दौरान आप अपनी समस्त ऊर्जा उस नए काम में लगा देते हैं, फलस्वरूप नकारात्मकता ओझल हो जाती है।

नकारात्मक रस का उपवास

खाने–पीने के उपवास के बारे में तो हम जानते हैं। मगर क्या आपको भावनात्मक उपवास के बारे में जानकारी है? यदि आपको यह उपवास करने का मन हो जाये तो इसके फायदे शरीर से ज्यादा मन और आत्मा को मिलते हैं और यह हमारे जीवन को सुखी बनाने में मददगार हो सकता है। भावनात्मक उपवास को रस साधना भी कहते है।

इस उपवास में पहले वे रस चुन जाते हैं जो नकारात्मक हैं और फिर संकल्प लिया जाता है, किसी नकारात्मक रस से तयशुदा दिनों तक दूरी बनाए रखने का। मान लीजिए आपने तय किया कि इस सप्ताह क्रोध नहीं करेंगे। इस सप्ताह क्रोध का उपवास है। यदि आपको इस दौरान क्रोध आया तो आपको अपना संकल्प याद आएगा। इस प्रकार बुरे रसों से थोड़े–थोड़े समय तक दूर रहने के नियमित अभ्यास से आप में परिवर्तन आएगा और धीरे–धीरे आपकी नकारात्मक सोच दूर होती चली जाएगी।

रखें, नाविकों जैसा सोच

तूफान आने पर नाविकों के चारों ओर अंधेरा छा जाता है, मीलों तक किसी प्रकार की सहायता उपलब्ध होने की संभावना नहीं होती, परन्तु वे निराश होकर समुद्र में डूब जाने के लिए अपना मन नहीं बनाते हैं, वे आशान्वित रह निरन्तर सागर की उत्ताल लहरों के विरूद्ध संघर्ष करते रहते हैं। अंधकार उन्हें मार्ग देता रहता है और वे अपने पथ पर अग्रसर होते रहते हैं। उपनिषद् का यह वाक्य 'तमसो मा ज्योतिर्गमय' अर्थात् मुझे अंधकार से प्रकाश की ओर ले चलो। यही प्रेरणा प्रदान करता है कि अंधकार के सामने पराजय स्वीकार मत करो, हाथ पर हाथ रखकर मत बैठों, अदृश्य प्रकाश तुम्हारी सहायता भी करेगा, तुम्हारा मार्गदर्शन भी।

नकारात्मक लोगों के प्रति बहरें बने

एक मेंढ़क पहाड़ की चोटी पर चढ़ने की सोचता है और आगे बढ़ता है, बाकी सारे मेंढ़क शोर मचाने लगते हैं। ये असंभव है – आज तक कोई नहीं चढ़ा, यह असम्भव है। नहीं चढ़ पाओगे, मगर मेंढ़क आखिर पहाड़ की चोटी पर पहुँच ही गया– जानते हो क्यूँ? क्योंकि वह मेंढ़क बहरा होता है और सारे मेंढ़क को चिल्लाते देख सोचता है कि सारे उसका उत्साह बढ़ा रहे हैं।

इसलिए आदमी को लक्ष्य तक पहुँचना है तो नकारात्मक लोगों के प्रति बहरे हो जाइए।

याद रखिए पूरे समुद्र का पानी भी एक जहाज को नहीं डूबा सकता, जब तक कि जहाज पानी को अन्दर न आने दें। इसी तरह कोई भी नकारात्मक विचार आपको नीचे नहीं गिरा सकता जब तक आप उसे अपने अन्दर आने की अनुमति न दें।

जलरूपी मन, नकारात्मकता रूपी गंदगी

आपके मन के विचार ही आपकी शांति, आपके सुख और आपकी खुशी से जुड़े हैं। नकारात्मकता का थोड़ा सा अंधियारा भी हमारी सकारात्मकता, हमारी ऊर्जा की रोशनी रोक सकता है। सूर्य बहुत तेजमय बहुत बड़ा और ऊर्जामय है। लेकिन एक छोटी–सी बदली भी उसकी रोशनी को हम तक पहुँचने से रोक देती है। इसलिए नकारात्मकता से बचना जरूरी है। हमें विचारों को शुद्ध और निर्मल करना चाहिए। पानी जब तक गंदा रहता है, उसमें सूर्य या चन्द्र का प्रतिबिम्ब नहीं चमकता। पर साफ पानी में ये इस तरह चमकते हैं जैसे पानी में उतर आए हो। जलरूपी मन भी ऐसा ही है। अगर नकारात्मकता रूपी गंदगी इसमें रहेगी तो शान्ति और खुशी की चमक हम नहीं देख पाएंगे।

एक विचारक का यह कथन कितना सटीक है – विचार एक जल की तरह है, आप इसमें गंदगी मिला दो तो वह नाला बन जायेगा, अगर उसमें सुगंध मिला दो तो गंगाजल बन जायेगा।

नकारात्मक सोच वालों से बनाएं दूरी सकारात्मक वालों से जुड़े :-

कुछ व्यक्ति केवल उदासीन और अत्यन्त निराशावादी होते हैं। ऐसे

व्यक्ति एक प्रकार का मानसिक जहर फैलाते हुए प्रतीत होते हैं। ऐसा लगता है मानों उनमें केवल मानसिक विष फैलाने की ही शक्ति काम कर रही है। वह अपने मिलने–जुलने वाले प्रत्येक व्यक्ति के मन में अंधकारमय और निराशाजनक विचार पैदा करते रहते हैं और इस प्रकार वे अपनी उदासी का अंधकार प्रत्येक व्यक्ति के मन पर डालते रहते हैं। उनका ऐसा विश्वास होता है कि आनन्द नाम की कोई चीज ही उनके लिए इस दुनिया में नहीं है और उदासी का पर्दा उनके मन से हट ही नहीं सकता। ऐसे नकारात्मक सोच वाले व्यक्ति न केवल अपना बल्कि अपने आसपास के व्यक्तियों का भी मानसिक स्तर गिरा देते हैं। उसे दुनिया की सारी सूचनाओं और घटनाओं में केवल निराशा दिखती है। फलस्वरूप वह उसी प्रकार की सूचना दूसरे लोगों को देता है, जिससे अन्य लोगों में भी निराशा की प्रवृत्ति उत्पन्न होती है। उदास रहना, परिवारजनों, रिश्तेदारों, समाज, देश यहाँ तक कि पूरे संसार को कोसते रहना उसका स्वभाव बन जाता है। उसे संसार में हर व्यक्ति शत्रु या स्वार्थी दिखाई देता है। अतः आपको निराशावादी व्यक्ति की संगति से दूरी बना कर रखना चाहिए ताकि निराशा के संक्रमक रोग से बच सकें।

इजराइल के मनोचिकित्सक डॉ. शोधरिंगीजोनो व्यापक अध्ययन के बाद इस निष्कर्ष पर पहुँचे कि नकारात्मक सोच रखने वाले मित्रों के चुनाव से जिन्दगी की 45 प्रतिशत खुशियों का लेबल कम हो जाता है। जिन्दगी में 45 प्रतिशत खुशियों के कम हो जाने का मतलब बड़ी परेशानी में डूबे होना जैसा होता है। इससे बचने का एकमात्र उपाय है नकारात्मक सोच रखने वाले दोस्तों को अपनी जिन्दगी से दूर करें, खुद उनसे दूर चले जाएं।

मनोचिकित्सक डॉ. रिजवान वाही के अनुसार, हमारे ब्रेन में मिरर न्यूटॉन्स है, जो हमें दूसरों की भावनाओं का एहसास कराने में मदद करते हैं। साइकियट्रीरिसर्च में प्रकाशित नए अध्ययन की रिपोर्ट के अनुसार यदि आपके आसपास नकारात्मक विचार रखने वालों की भीड़ है तो उन्हें दूर करें, वरना वे भी अपनी तरह बना लेंगे।

एक जैसे पंख वाले पक्षी इकट्ठे उड़ते हैं। यह मानवीय स्वभाव का एक पुराना नियम है पर हमेशा सही है। इसलिए अगर आप सुख और

आनन्द से अच्छा जीवन व्यतीत करना चाहते हैं तो ऐसे लोगों के साथ जुड़े जिनका सोच सकारात्मक हो। जिस तरह के लोगों के साथ हम हर दिन उठते–बैठते हैं, देर सवेर उन्हीं की तरह बन जाते हैं। मनुष्य की सोच में वह ताकत है कि वह स्वर्ग को नरक और नरक को स्वर्ग में बदल सकता है एक विद्वान के अनुसार –

"कुछ लोग हमेशा शिकायत करते हैं गुलाब में कांटे होने की, और मैं हमेशा धन्यवाद देता हूँ कांटो के बीच गुलाब होने का।"

आशा यानी सकारात्मक और निराशा यानी नकारात्मक सोच के बीच जीवनरूपी दीप प्रज्वलित होता रहता है। जब तक इस दीप में आशा और विश्वास की बाती है, दीप प्रज्वलित होता रहेगा। निराशा, जीवनरूपी दीप को बुझा देती है और चारों ओर अंधकार फैला देती है। इस अंधकार में मनुष्य अपने जीवन को विराम दे देता है।

आशावादी यानी सकारात्मक विचार हमारे दिमाग को संजीवनी बूटी की तरह शक्ति प्रदान करता है। यह संजीवनी हमारे प्राणों में आत्मविश्वास का संचार कर सही अर्थ में हमें जीवित रखती है।

खुशी की जड़ हमारे दृष्टिकोण में

एक मस्त मौला फकीर से किसी व्यक्ति ने पूछा – कल मौसम कैसा रहेगा?

फकीर ने जवाब दिया – जैसा मैं चाहूँगा वैसा रहेगा।

प्रश्नकर्ता ने अनुमान लगाया, फकीर को जरूर कोई शक्ति का घमण्ड है। अतः उसने व्यंगपूर्वक पुनः प्रश्न किया – क्या मतलब?

फकीर मुस्कुराया और बोला– "अरे मेरे भाई जैसा मैं मन बना लूँगा, मौसम वैसा ही हो जाएगा।"

यह वास्तविकता है मौसम, परिस्थितियों या घटनाओं का अच्छा या खराब होना वस्तुतः हमारे दृष्टिकोण पर निर्भर करता है।

नकारात्मकता का कचरा डालें 'डस्टबिन' में

एक महिला को मोबाइल चलाते–चलाते एक दिन कुछ दिक्कत आई। उसने जानकार व्यक्ति से इसका कारण पूछा। जानकार व्यक्ति ने जो कारण बताया उसके निदान से न केवल मोबाइल स्मूथली चलने

लगा वरन् महिला के दिलो–दिमाग में खुश रहने के मूल मंत्र के रूप में एक सकारात्मक सोच पैदा कर दी।

महिला का कथन– एक दिन देखती हूँ, मोबाइल चलते–चलते कभी धीरे चलने लगता है, तो कभी हैंग होने लगता है।

एक जानकार ने बताया– इसे हल्का करना जरूरी है फोन ओवरलोड हो गया है। इसलिए चलने में दिक्कत करता है।

मैंने बेकार की तस्वीरें, फाइलें, डाटा डिलीट कर दिए।

चमत्कार सा हो गया, फोन चलने ही नहीं दौड़ने लग गया।

फोन क्या चलने लगा दिमाग का इंजन दौड़ने लगा।

मन में आया– यदि अनावश्यक सामग्री मिटाने से एक निर्जीव फोन तीव्र गति से चल सकता है, तो दिल और दिमाग में भरी हुई, जमी हुई, अनावश्यक यादें, अप्रिय घटनाएँ, विरोध की भावनाएँ आदि, सारी नकारात्मकता–मिटा दी जाए, भुला दी जाए, डस्टबिन में डाल दी जाये तो दिल और दिमाग सत् विचारों, सकारात्मकताओं के लिए खाली हो जाएँ। जिन्दगी बहुत छोटी है फिर क्यों न, इसका एक–एक पल भरपूर आनन्द से जिया जाए।

विचारों का संयम एवं निग्रह

विचार कर्म का बीज है, व्यवहार का प्रेरक है। जब हम व्यस्त रहते हैं, तो कोई दूसरे विचार मन में नहीं आते और कोई अवांछनीय कर्म भी घटित नहीं होते। अतः क्रियाओं एवं व्यवहार को नियंत्रित करने के लिए विचारों का संयम व निग्रह जरूरी है। शास्त्रों में कहा भी गया है कि मन कुछ नहीं, बल्कि विचार का प्रवाह भर है, वैसे ही जैसे नदी कुछ नहीं, पानी का प्रवाह मात्र है। यदि पानी को शुद्ध कर दिया जाये तो नदी स्वतः निर्मल हो जाती है। वैसे ही विचारों को शुद्ध करते हैं, नियन्त्रित करते हैं तो मन एवं जीवन भी स्वतः शुद्ध एवं निर्मल होना शुरू हो जाते हैं। अतः हम अपने विचारों को संयमित करें व इनको सकारात्मक एवं श्रेष्ठता का संवाहक बनाए।

संगीत नकारात्मकता से लड़ने में मददगार

उस समय, जब कोरोना ने इटली में कोहराम मचा रखा था। तब वहां के

निवासियों द्वारा अपने घर की बालकनी में संगीत सुनने, वाद्ययंत्र बजाने और गीत गुनगुनाने के दृश्य आम हो गए थे। धीरे–धीरे अन्य देशों के संगीतकारों ने भी अपने निवास स्थान से लाइव परफार्मेंस शुरू कर दी।

कई न्यूरोलॉजिकल रिसर्च में ऐसा दावा किया गया है कि संगीत सुनने में कार्टिसोल, सेरेटोनिक, ऑक्सीजन डोपामिन जैसे हारमोन निकलते हैं जो मानसिक स्वास्थ्य को बेहतर बनाते हैं। दिल्ली के सफदरगंज अस्पताल में स्पोर्ट्स मेडिसिन विभाग में कार्यरत डॉ. प्रखर डागर का तो कहना है कि संगीत हर प्रकार की नकारात्मकता से लड़ने में मदद करता है।

नकारात्मकता छोड़ सकारात्मकता से नाता जोड़ें

नकारात्मकता व्यक्ति के जीवन को बुरी तरह से तहस–बहस कर देती है। जीवन में आने वाली समस्याएँ तो जीवन को निखारने, उसे बेहतर बनाने के लिए सामने आती हैं, लेकिन हमारी नकारात्मकता उनका समाधान खोजने के बजाय उनको और अधिक जटिल बना देती हैं और इतना जटिल बनाती हैं कि व्यक्ति उनको हल करना ही नहीं चाहता, जबकि सकारात्मकता उन समस्याओं को इतना सरल रूप देती है कि उन्हें आसानी से हल करने का रास्ता मिल जाता है और फिर कोई समस्या जटिल पहेली नहीं, बल्कि हल रूचिकर पहेली बन जाती है। जिसे करने सुलझाने का मन करता है, और इससे मन उत्साहित होता है। इस तरह जहाँ सरलता का संबंध सकारात्मकता से है वहीं जटिलता से सम्बन्ध नकारात्मकता से है।

इसलिए हमें सरल बनने का प्रयास करना चाहिए न कि जटिल बनते हुए नकारात्मकता से जुड़ना चाहिए।

नकारात्मकता के विषाणु से बचाव

दलाई लामा से एक बार उनके शिष्य हावर्ड सी. कट्लर ने पूछा कि यदि खुशी का अर्थ केवल दया आदि सकारात्मक मानसिक अवस्था विकसित करना है तो इतने सारे लोग दुःखी क्यों हैं? दलाई लामा का उत्तर था कि सच्ची खुशी पाने के लिए अपने दृष्टिकोण में, सोच में, बदलाव लाना जरूरी है लेकिन इन बदलावों में समय लगता है,

जैसे–जैसे समय बीतता है आपकी नकारात्मक सोच सकारात्मक में बदलती जायेगी।

प्रतिदिन आप सुबह उठते हैं तो सोचते हुए सकारात्मक प्रेरणा पैदा कर सकते है– "मैं आज का दिन अधिक सकारात्मक तरीके से बिताऊंगा–मुझे यह दिन बर्बाद नहीं करना" उसके बाद रात को सोने से पहले देखिए की आपने क्या किया और खुद से पूछिए– क्या मैंने आज का दिन उसी तरह बिताया जैसे मैंने सोचा था।

अनेक व्यक्ति अच्छा साहित्य पढ़ते तो हैं, परन्तु उस पुस्तक की विषय–वस्तु को मनोयोग से धारण करने का प्रयत्न नहीं करते, कोई भी प्रेरक पुस्तक, प्रेरक प्रसंग आपके समक्ष पी.सी. सरकार की भांति जादुई खेल प्रस्तुत नहीं करती, बस यह पुस्तक आपको जादुई स्पर्श प्रदान कर प्रोत्साहित करती है कि पुस्तक में समाहित निर्देशों का पालन कर अपनी सफलता की यात्रा को निर्बाध बनाइए।

सकारात्मक प्रेरणादायी जानकारी पढ़ना-सुनना मेरी दिनचर्या का हिस्सा- डॉ. सपना माहेश्वरी।

– फोर्थ वेली रायल हॉस्पिटल ग्लासगो (यू.के.)

"सकारात्मक प्रेरणादायी जानकारी पढ़ने और सुनने को मैंने अपनी दिनचर्या का हिस्सा बना लिया है। जब मैं सोकर उठती हूँ, तो प्रार्थना, साधना करके धर्मग्रन्थ पढ़ने और कोई सकारात्मक चीज सुनने का समय निकालती हूँ, क्योंकि आप दिन की शुरूआत 20 मिनिट तक कोई सकारात्मक बात सुनते या पढ़ते हैं, तो आपकी कार्यक्षमता अप्रत्याशित रूप से बढ़ जाती है। साथ ही नकारात्मक सोच घटती जाती हैं।

जीवन से पलायन की प्रवृत्ति

जिन्दगी में कई तरह उतार–चढ़ाव आते रहते हैं। कभी सुखद और अनुकूल परिस्थितियाँ रहती हैं तो कभी दुःखद और प्रतिकूल। यह उतार–चढ़ाव जीवन को रसमय बनाते हैं। रात के अंधकार से दिन का प्रकाश विविधता उत्पन्न करता है, तो पतझड़ के मौसम में बसंत की बहार का पता चलता है। इसी प्रकार दुःख और कष्टों में सुख तथा आनन्द का रस आता है। सकारात्मक

सोच वाला व्यक्ति यही सोचकर दुःख परेशानियों को उसी प्रकार हंसी खुशी से सह लेता है जिस प्रकार सुख–सुविधाओं का उपभोग करते हैं, परन्तु नकारात्मकता रखने वाले दुर्बल मन के लोग दुःखों और कष्टों से इस प्रकार घबरा जाते हैं जैसे उनके सामने आग के कुंड में कूदने की स्थिति आ गई है। ऐसी स्थिति में उनको वास्तविकता से आँख मूंद लेने और यथार्थ से पलायन का उपाय ही सूझता है। इसी का नाम जीवन से पलायन हैं। पलायन का अर्थ जीवन छोड़ देना तो नहीं है। हालांकि कई व्यक्ति इन समस्याओं से घबराकर अपना जीवन ही नष्ट कर डालते हैं। परन्तु अधिकांश व्यक्ति जीवन से पलायन करने के लिए कुछ ऐसे उपाय अपनाते हैं जैसे शुतुरमुर्ग आसन्न संकट देखकर अपना सिर रेत में छिपा लेता है, इस प्रकार की पलायनवादी प्रवृत्तियों में हैं – मादक पदार्थों की शरण में जाना, शराब, गांजा, भांग, चरस, अफीम ताड़ी आदि नशे का सेवन अपने में खोए रहना, मेलजोल में अरूचि, वास्तविक जीवन से पलायन करने की इस मनोवृत्ति के परिचायक है।

नकारात्मकता बनाम सकारात्मकता – करें एक का चयन

नकारात्मक सोच वाला हमेशा कमियों को ढूंढता रहता है, जबकि सकारात्मक वाला उन कमियों के समाधान। नकारात्मकता वाला सहानुभूति अर्जित करने का प्रयास करता है जबकि सकारात्मक सोचवाला चारों ओर उल्लास और उमंग बिखेरता है। नकारात्मक विचार वाला केवल परिस्थितियों की अलोचना ही करता रहता है, जबकि सकारात्मक वाला परिस्थितियों को बदलने का प्रयत्न करता है। नकारात्मकतावादी प्रत्येक कार्य में हानि के ही दर्शन करता है जबकि आशावादी लाभ और समृद्धि के। नकारात्मकतावादी आपको हतोत्साहित करने का प्रयास करता है जबकि सकारात्मकतावादी आपको प्रोत्साहित करता है। नकारात्मकतावादी अकेलापन खोजता है जबकि सकारात्मकतावादी मित्रों की संख्या में बढ़ोत्तरी करता है। नकारात्मकतावादी निराशाजनक भावनाओं में ही जीवन गुजार देता है जबकि सकारात्मकतावादी आशावादी विचारों का पोषण करता है। नकारात्मकतावादी अवरोध खड़ा करता है जबकि सकारात्मकतावादी बाधाओं को दूर करने के लिए प्रयत्नशील रहता

है। नकारात्मकता सोच वाला समस्याओं का जनक रहता है जबकि सकारात्मकता वाला समस्याओं का संहारक। नकारात्मकतावादी खुशनुमा माहौल को बिगाड़ने का काम करता है जबकि सकारात्मकतावादी आशा और प्रसन्नतादायक विचारों से वातावरण को महका देता है। नकारात्मक सोच वाला आम खाने के बाद उसकी गुठली की शिकायत करता है जबकि सकारात्मकतावादी उस गुठली को बो देता है।

अब, आप ही सोचिए और निर्णय कीजिए कि आपको किसका अनुसरण करना है? सकारात्मकता या नकारात्मकता का।

नकारात्मक विचारों का प्रवेश बंद

अपने मस्तिष्क में प्रवेश करने वाले नकारात्मक विचार जो आपको दुःखी बनाते हैं, को एक सुखी, प्रसन्न सकारात्मक विचार से स्थान्नपन करना है। अपने मस्तिष्क में अब केवल ऐसे विचार रखने हैं जो आपको प्रसन्नता का अनुभव कराये, न कि आपको अवांछित कष्ट प्रदान करें।

याद रखिये जब भी मस्तिष्क में दुःखद और नकारात्मक विचार प्रवेश करने का प्रयास करें, उन्हें तत्काल अपने मस्तिष्क के स्मरण कोष में उपस्थित सुखद विचारों से बदल दें। नकारात्मक विचारों का प्रवेश पूर्णतः प्रतिबंधित करने का प्रयास करें और अपने मानस पटल पर स्पष्टतः अंकित कर दें –

नकारात्मक विचारों का प्रवेश बंद
(No entry of Negative thoughts)

आशा के दीप जलाएं

आप अपने जीवन में घर बना चुकी निराशाओं को हटाएं और मन में आशा के द्वीप जलाएं। निराशा हमारी शांति हरती है और प्रसन्नता की हत्या करती है। आत्म गौरव के मुकुट को धूल–धूसरित कर देती है। निराशा पैदा होने का अर्थ ही यही है कि प्रगति में रूकावट आई। निराशा का झोला अपने कंधे पर लटकाकर कोई सफलता की कामना कैसे कर सकता है?

संसार आशा के बल पर ही चलता है। अगर आशा का दीप जलता रहे तो अंधेरे में भी उम्मीद की रोशनी जलाई जा सकती है। अगर उम्मीद हो तो किनारे पर तो किनारा है ही, हर लहर को एक किनारा बनाया जा सकता है।

याद रखे – आपका सम्पूर्ण व्यक्तित्व विचारों से आच्छादित है। विचार ही है जो आपको बनाते हैं, संवारते हैं, निखारते हैं और अपने स्वर्णिम पंखों पर बिठाकर दुनिया की सैर कराते हैं, ये विचार ही आपकी जीवन शैली में क्रान्तिकारी परिवर्तन लाते हैं।

आज और अभी से अपने मस्तिष्क में विचरण करने वाले नकारात्मक विचारों के स्थान पर सकारात्मक विचारों को विचरण कराने की आवश्यकता है और फिर आपको अपने नये व्यक्तित्व को देखकर ऐसा लगेगा मानों खुशियों का महामंत्र सिद्ध हो गया हो।

OOO

डायमंड बुक्स नये प्रकाशन
नेटवर्क मार्केटिंग
संभावनाओं की अनंत दुनिया
#1 BEST SELLER
नेटवर्क मार्केटिंग के लिये एक बेहतरीन मार्गदर्शिका
आधुनिक दुनिया और चाणक्य नीति
वर्तमान युग में चाणक्य नीति की सटीकता की खोज
सूर्या सिन्हा
काबिल बनो आगे बढ़ो
- सूर्या सिन्हा
'काबिल बनो, आगे बढ़ो'
सोच बदलो जीवन बदलो
लेखक सूर्या सिन्हा
Best Seller
सद्विचारों की रोशनी दुर्भाग्य के अंधकार को खत्म कर देती है
मेरी कहानी
जवाहरलाल नेहरू
हिन्दुस्तान की कहानी
जवाहरलाल नेहरू
पिता का पत्र पुत्री के नाम
जवाहर लाल नेहरू
विश्व इतिहास की एक झलक
जवाहरलाल नेहरू
डॉ. बाबासाहेब आंबेडकर
मेरी आत्मकथा
मेरी कहानी, मेरी जुबानी
अछूत कौन थे
और वे अछूत कैसे बने?
डॉ. बी.आर. अम्बेडकर
भगत सिंह की जेल डायरी
भगत सिंह
मैं नास्तिक क्यों हूं
डायमंड बुक्स
X-30, Okhla Industrial Area, Phase-II New Delhi-110020
Ph: 011-40712200 email : wecare@diamondbooks.in www.diamondbooks.in